아이가 주인공인 책

아이는 스스로 생각하고 매일 성장합니다.
부모가 아이를 존중하고 그 가능성을 믿을 때
새로운 문제들을 스스로 해결해 나갈 수 있습니다.

<기적의 학습서>는 아이가 주인공인 책입니다.
탄탄한 실력을 만드는 체계적인 학습법으로
아이의 공부 자신감을 높여 줍니다.

아이의 가능성과 꿈을 응원해 주세요.
아이가 주인공인 분위기를 만들어 주고,
작은 노력과 땀방울에 큰 박수를 보내 주세요.
<기적의 학습서>가 자녀 교육에 힘이 되겠습니다.

초등 6학년 **11**권

기적의 계산법 응용UP • 11권

초판 발행 2021년 1월 15일
초판 7쇄 발행 2025년 2월 13일

지은이 기적학습연구소
발행인 이종원
발행처 길벗스쿨
출판사 등록일 2006년 7월 1일
주소 서울시 마포구 월드컵로 10길 56(서교동)
대표 전화 02)332-0931 | **팩스** 02)333-5409
홈페이지 school.gilbut.co.kr | **이메일** gilbut@gilbut.co.kr

기획 김미숙(winnerms@gilbut.co.kr) | **책임편집** 윤정일
제작 이준호, 손일순, 이진혁 | **영업마케팅** 문세연, 박선경, 박다슬 | **웹마케팅** 박달님, 이재윤, 이지수, 나혜연
영업관리 김명자, 정경화 | **독자지원** 윤정아
디자인 정보라 | **표지 일러스트** 김다예 | **본문 일러스트** 류은형
전산편집 글사랑 | **CTP 출력·인쇄·제본** 예림인쇄

▶ 본 도서는 '절취선 형성을 위한 제본용 접지 장치(Folding apparatus for bookbinding)' 기술 적용도서입니다.
  특허 제10-2301169호
▶ 잘못 만든 책은 구입한 서점에서 바꿔 드립니다.
▶ 이 책은 저작권법에 따라 보호받는 저작물이므로 무단전재와 무단복제를 금합니다.
  이 책의 전부 또는 일부를 이용하려면 반드시 사전에 저작권자와 길벗스쿨의 서면 동의를 받아야 합니다.
▶ 인공지능(AI) 기술 또는 시스템을 훈련하기 위해 이 책의 전체 내용은 물론 일부 문장도 사용하는 것을 금합니다.

ISBN 979-11-6406-305-5 64410
(길벗스쿨 도서번호 10732)

정가 9,000원

....

독자의 1초를 아껴주는 정성 **길벗출판사**

길벗스쿨 | 국어학습, 수학학습, 주니어어학, 어린이단행본, 학습단행본 www.gilbutschool.co.kr
(주)도서출판 길벗 | IT단행본&교재, 성인어학, 교과서, 수험서, 경제경영, 교양, 자녀교육, 취미실용 www.gilbut.co.kr

기적학습연구소 **수학연구원 엄마**의 **고군분투서!**

저는 게임과 유튜브에 빠져 공부에는 무념무상인 아들을 둔 엄마입니다.

오늘도 아들이 조금 눈치를 보는가 싶더니 '잠깐만, 조금만'을 일삼으며 공부를 내일로 또 미루네요.

'그래, 공부보다는 건강이지.' 스스로 마음을 다잡다가도 고학년인데 여전히 공부에

관심이 없는 녀석의 모습을 보고 있자니 저도 모르게 한숨이…… .

5학년이 된 아들이 일주일에 한두 번씩 하교 시간이 많이 늦어져서 하루는 앉혀 놓고 물어봤습니다.

수업이 끝나고 몇몇 아이들은 남아서 틀린 수학 문제를 다 풀어야만 집에 갈 수 있다고 하더군요.

맙소사, 엄마가 회사에서 수학 교재를 십수 년째 만들고 있는데, 아들이 수학 나머지 공부라니요? 정신이 번쩍 들었습니다.

저학년 때는 어쩌다 반타작하는 날이 있긴 했지만 곧잘 100점도 맞아 오고 해서 '그래, 머리가 나쁜 건 아니야.' 하고 위안을 삼으며

'아직 저학년이잖아. 차차 나아지겠지.'라는 생각에 공부를 강요하지 않았습니다.

그런데 아이는 어느새 훌쩍 자라 여느 아이들처럼 수학 좌절감을 맛보기 시작하는 5학년이 되어 있었습니다.

학원에 보낼까 고민도 했지만, 그래도 엄마가 수학 전문가인데… 영어면 모를까 내 아이 수학 공부는 엄마표로 책임져 보기로 했습니다.

아이도 나머지 공부가 은근 자존심 상했는지 엄마의 제안을 순순히 받아들이더군요. 매일 계산법 1장, 문장제 1장, 초등수학 1장씩 수

학 공부를 시작했습니다. 하지만 기초도 부실하고 학습 습관도 안 잡힌 녀석이 갑자기 하루 3장씩이나 풀다보니 힘에 부쳤겠지요.

호기롭게 시작한 수학 홈스터디는 공부량을 줄이려는 아들과의 전쟁으로 변질되어 갔습니다. 어떤 날은 애교와 엄살로 3장이 2장이 되고,

어떤 날은 울음과 샤우팅으로 3장이 아예 없던 일이 되어버리는 등 괴로움의 연속이었죠. 문제지 한 장과 게임 한 판의 딜이 오가는 일

도 비일비재했습니다. 곧 중학생이 될 텐데… 엄마만 조급하고 녀석은 점점 잔꾀만 늘어가더라고요. 안 하느니만 못한 수학 공부 시간

을 보내며 더이상 이대로는 안 되겠다 싶은 생각이 들었습니다. 이 전쟁을 끝낼 묘안이 절실했습니다.

우선 아이의 공부력에 비해 너무 과한 욕심을 부리지 않기로 했습니다. 매일 퇴근길에 계산법 한쪽과 문장제 한쪽으로 구성된 아이만의

맞춤형 수학 문제지를 한 장씩 만들어 갔지요. 그리고 아이와 함께 풀기 시작했습니다. 앞장에서 꼭 필요한 연산을 익히고, 뒷장에서

연산을 적용한 문장제나 응용문제를 풀게 했더니 응용문제도 연산의 연장으로 받아들이면서 어렵지 않게 접근했습니다. 아이 또한 확

줄어든 학습량에 아주 만족해하더군요. 물론 평화가 바로 찾아온 것은 아니었지만, 결과는 성공적이었다고 자부합니다.

이 경험은 <기적의 계산법 응용UP>을 기획하고 구현하게 된 시발점이 되었답니다.

1. 학습 부담을 줄일 것! 딱 한 장에 앞 연산, 뒤 응용으로 수학 핵심만 공부하게 하자.

2. 문장제와 응용은 꼭 알아야 하는 학교 수학 난이도만큼만! 성취감, 수학자신감을 느끼게 하자.

3. 욕심을 버리고, 매일 딱 한 장만! 짧고 굵게 공부하는 습관을 만들어 주자.

이 책은 위 세 가지 덕목을 갖추기 위해 무던히 애쓴 교재입니다.

<기적의 계산법 응용UP>이 저와 같은 고민으로 괴로워하는 엄마들과 언젠가는 공부하는 재미에

푹 빠지게 될 아이들에게 울트라 종합비타민 같은 선물이 되길 진심으로 바랍니다.

길벗스쿨 기적학습연구소에서

매일 한 장으로 완성하는 **응용UP 학습설계**

Step 1

핵심개념 이해

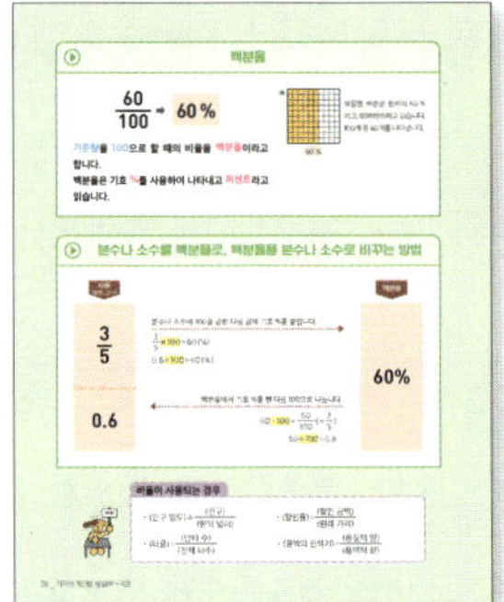

▶ 단원별 핵심 내용을 시각화하여 정리하였습니다. 연산방법, 개념 등을 정확하게 이해한 다음,
사진을 찍듯 머릿속에 담아 두세요. 개념정리만 묶어 나만의 수학개념모음집을 만들어도 좋습니다.

Step 2

연산+응용 균형학습

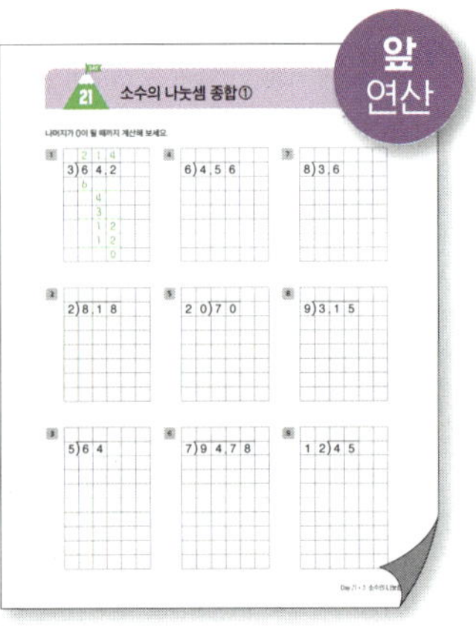

뒤집으면

▶ 앞 연산, 뒤 응용으로 구성되어 있어 매일 한 장 학습으로 연산훈련뿐만 아니라 연산적용 응용문제
까지 한번에 학습할 수 있습니다. 매일 한 장씩 뜯어서 균형잡힌 연산 훈련을 해 보세요.

Step 3

평가로 실력점검

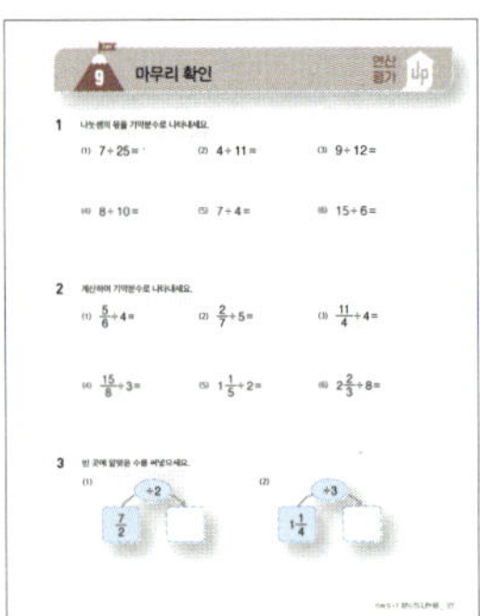
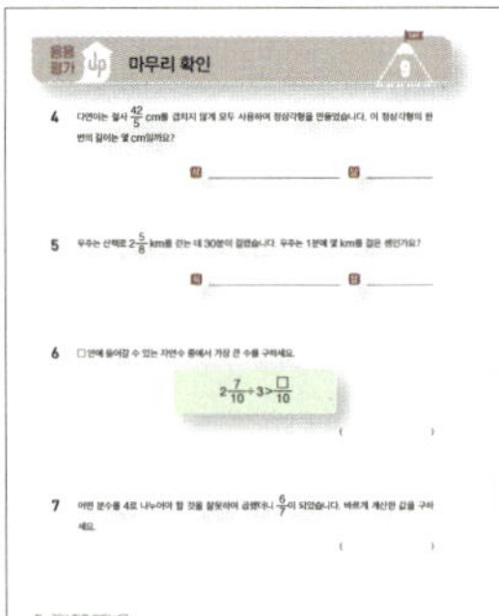

▶ 점수도 중요하지만, 얼마나 이해하고 있는지를 아는 것이 더 중요합니다.
배운 내용을 꼼꼼하게 확인하고, 틀린 문제는 앞으로 돌아가 한번 더 연습하세요.

▶ 매일 연산＋응용으로 균형 있게 훈련합니다.

매일 하는 수학 공부, 연산만 편식하고 있지 않나요?
수학에서 연산은 에너지를 내는 탄수화물과 같지만,
그렇다고 밥만 먹으면 영양 불균형을 초래합니다.
튼튼한 근육을 만드는 단백질도 꼭꼭 챙겨 먹어야지요.
기적의 계산법 응용UP은 매일 한 장 학습으로
계산력과 응용력을 동시에 훈련할 수 있도록 만들었습니다.
앞에서 연산 반복훈련으로 속도와 정확성을 높이고,
뒤에서 바로 연산을 활용한 응용 문제를 해결하면서
문제이해력과 연산적용력을 키울 수 있습니다.
균형잡힌 연산 ＋ 응용으로 수학기본기를 빈틈없이 쌓아 나갑니다.

▶ 다양한 응용 유형으로 폭넓게 학습합니다.

반복연습이 중요한 연산, 유형연습이 중요한 응용!
문장제형, 응용계산형, 빈칸추론형, 논리사고형 등 다양한 유형의 응용 문제에 연산을 적용해 보면서
연산에 대한 수학적 시야를 넓히고, 튼튼한 수학기초를 다질 수 있습니다.

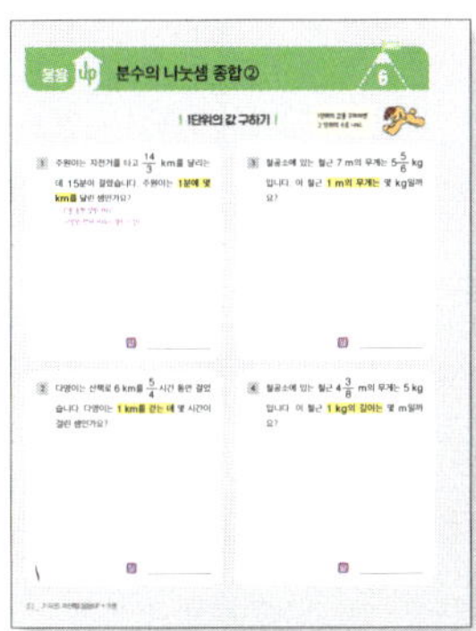

| 문장제형 |

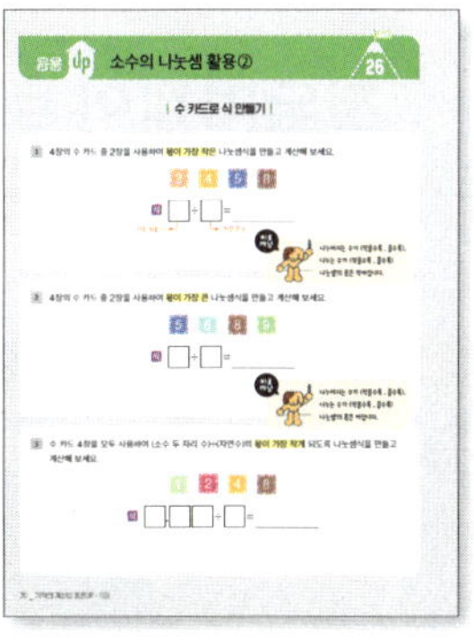

| 응용계산형 |

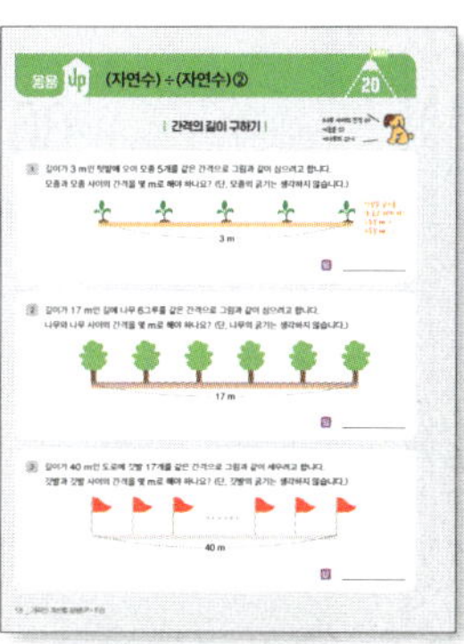

| 빈칸추론형 |

| 논리사고형 |

▶ 뜯기 한 장으로 언제, 어디서든 공부할 수 있습니다.

한 장씩 뜯어서 사용할 수 있도록 칼선 처리가 되어 있어
언제 어디서든 필요한 만큼 쉽게 공부할 수 있습니다.
매일 한 장씩 꾸준히 풀면서 공부 습관을 길러 봅니다.

차 례

01
분수의 나눗셈

학습 일차	학습 내용	날짜	맞은 개수	
			연산	응용
DAY 1	(자연수)÷(자연수) ① 몫이 1보다 작은 경우	/	/14	/4
DAY 2	(자연수)÷(자연수) ② 몫이 1보다 큰 경우	/	/14	/6
DAY 3	(분수)÷(자연수) ① 진분수, 가분수 계산	/	/14	/4
DAY 4	(분수)÷(자연수) ② 대분수 계산	/	/14	/2
DAY 5	분수의 나눗셈 종합 ①	/	/14	/4
DAY 6	분수의 나눗셈 종합 ②	/	/14	/4
DAY 7	분수의 나눗셈 활용 ① 조건에 맞게 구하기	/	/6	/4
DAY 8	분수의 나눗셈 활용 ② 어떤 수 구하기	/	/6	/4
DAY 9	마무리 확인	/		/18

1. 분수의 나눗셈

 **(자연수) ÷ (자연수)**

계산 방법

분자로

$$1 \div 3 = \frac{1}{3}$$

분모로

분자로

$$2 \div 3 = \frac{2}{3}$$

분모로

분자로

$$5 \div 3 = \frac{5}{3} = 1\frac{2}{3}$$

분모로

원리 이해

1을 똑같이 3으로 나누면

➡ $\dfrac{1}{3}$

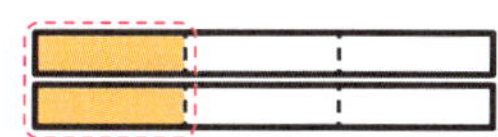

2를 각각 똑같이 3으로 나누면

➡ $\dfrac{1}{3}$이 2개이므로 $\dfrac{2}{3}$

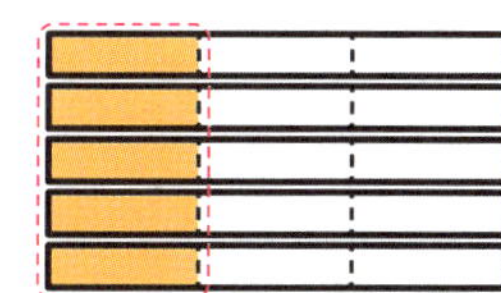

5를 각각 똑같이 3으로 나누면

➡ $\dfrac{1}{3}$이 5개이므로 $\dfrac{5}{3} = 1\dfrac{2}{3}$

개념 정리

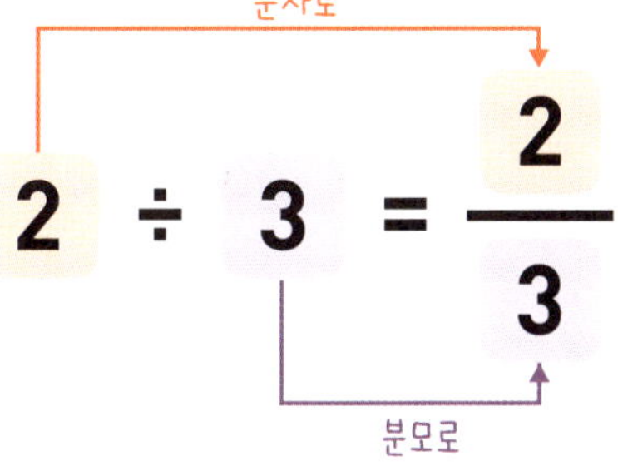

(자연수)÷(자연수)의 몫은 분수로 나타낼 수 있어요.

이때 나누어지는 수는 **분자**, 나누는 수는 **분모**가 돼요.

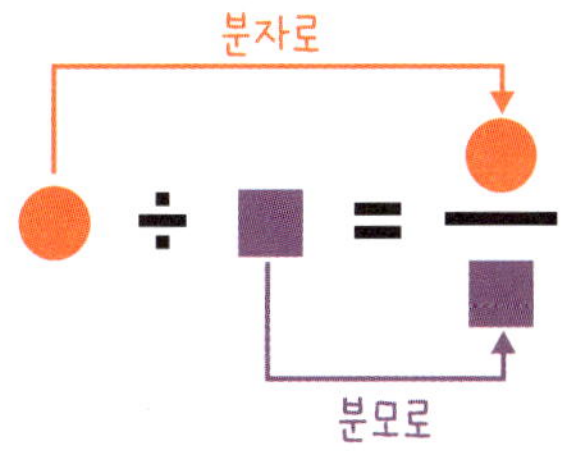

계산 방법

$$\frac{2}{3} \div 4 = \frac{2}{3} \times \frac{1}{4} = \frac{1}{6}$$

÷ ➡ ×

$$\frac{8}{3} \div 4 = \frac{8}{3} \times \frac{1}{4} = \frac{2}{3}$$

÷ ➡ ×

$$1\frac{1}{3} \div 4 = \frac{4}{3} \times \frac{1}{4} = \frac{1}{3}$$

÷ ➡ ×

원리 이해

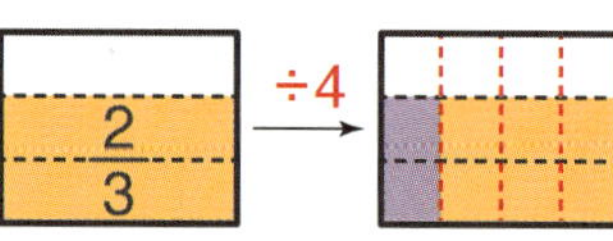

$\dfrac{2}{3}$를 4등분 한 것 중의 하나는

➡ $\dfrac{2}{3}$의 $\dfrac{1}{4}$ ➡ $\dfrac{2}{3} \times \dfrac{1}{4}$

개념 정리

$$\frac{\bullet}{\blacktriangle} \div \blacksquare = \frac{\bullet}{\blacktriangle} \times \frac{1}{\blacksquare}$$

÷ ➡ ×

(분수) ÷ (자연수)는 곱셈으로 바꾸어 계산해요.

$$\div \text{(자연수)} \ ➡ \ \times \frac{1}{\text{(자연수)}}$$

이때 나누어지는 수가 대분수라면 가분수로 바꿔서 계산해요.

(자연수) ÷ (자연수) ① 몫이 1보다 작은 경우

나눗셈의 몫을 기약분수로 나타내세요.

1. $4 \div 6 = \dfrac{4}{6} = \dfrac{2}{3}$

2. $1 \div 8 =$

3. $5 \div 9 =$

4. $10 \div 22 =$

5. $14 \div 28 =$

6. $18 \div 27 =$

7. $12 \div 16 =$

8. $2 \div 5 =$

9. $6 \div 11 =$

10. $2 \div 8 =$

11. $9 \div 15 =$

12. $3 \div 12 =$

13. $30 \div 35 =$

14. $15 \div 18 =$

1 우유 **1 L**를 학생 **9**명이 남김없이 똑같이 나누어 마셨습니다. 한 명이 마신 우유는 몇 **L**인지 분수로 나타내세요.

무엇을 (1)   몇으로 나누어 (÷9)

식

답 ____________

2 같은 크기의 빵 **3**개를 **4**명이 남김없이 똑같이 나누어 먹으려고 합니다. 한 명이 먹을 수 있는 빵의 양은 몇 개인지 분수로 나타내세요.

식

답 ____________

3 방앗간에서 참기름 **10 L**를 크기가 같은 병 **20**개에 남김없이 똑같이 나누어 담으려고 합니다. 한 개의 병에 참기름을 몇 **L**씩 담으면 되는지 기약분수로 나타내세요.

식

답 ____________

4 길이가 **2 m**인 리본을 **6**도막으로 똑같이 자르려고 합니다. 리본 한 도막을 몇 **m**씩 잘라야 하는지 기약분수로 나타내세요.

식

답 ____________

DAY 2 · (자연수) ÷ (자연수) ② 몫이 1보다 큰 경우 · 연산 up

나눗셈의 몫을 기약분수로 나타내세요.

1. $7 \div 3 = \dfrac{7}{3} = 2\dfrac{1}{3}$

$\dfrac{7}{3} \Rightarrow 7 \div 3 = 2 \cdots 1 \Rightarrow 2\dfrac{1}{3}$

2. $21 \div 8 =$

3. $11 \div 7 =$

4. $10 \div 4 =$

5. $15 \div 9 =$

6. $24 \div 5 =$

7. $28 \div 16 =$

8. $5 \div 4 =$

9. $28 \div 9 =$

10. $13 \div 3 =$

11. $14 \div 6 =$

12. $12 \div 8 =$

13. $17 \div 2 =$

14. $33 \div 18 =$

| 색칠한 부분의 넓이를 기약분수로 나타내기 |

도형을 그림과 같이 똑같이 나누었습니다. 색칠한 부분의 넓이는 몇 cm²인지 기약분수로 나타내세요.

1 도형의 넓이: 15 cm²

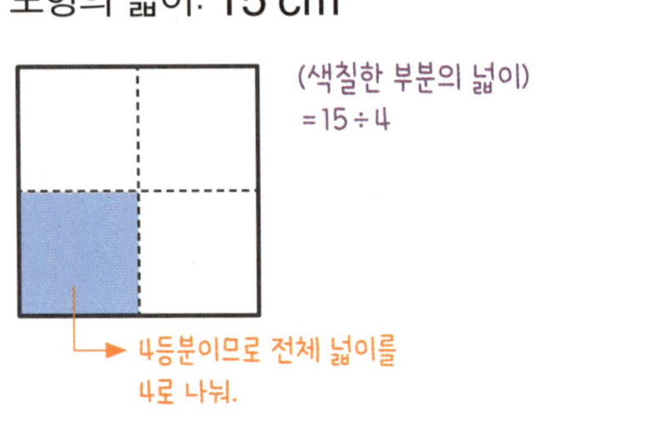

4 도형의 넓이: 9 cm²

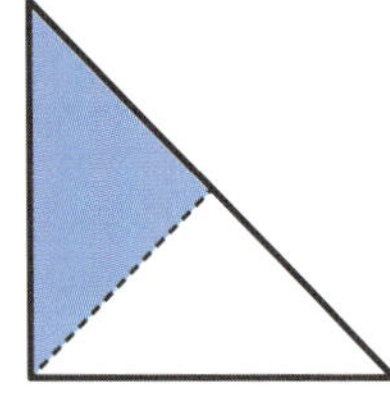

2 도형의 넓이: 26 cm²

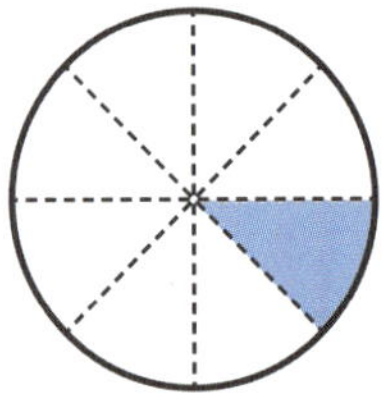

5 도형의 넓이: 17 cm²

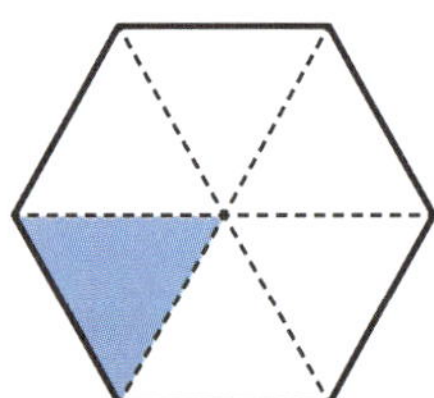

3 도형의 넓이: 18 cm²

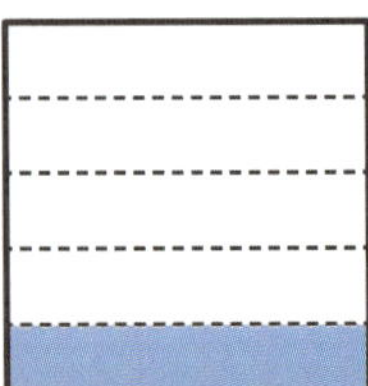

6 도형의 넓이: 32 cm²

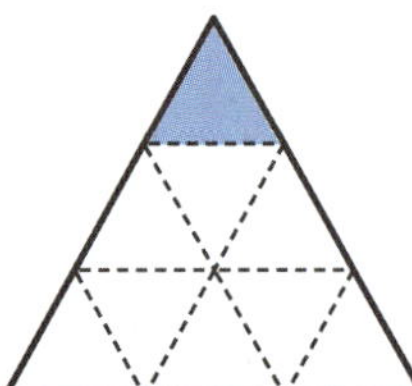

계산하여 기약분수로 나타내세요.

1. $\dfrac{2}{5} \div 3 = \dfrac{2}{5} \times \dfrac{1}{3} = \dfrac{2}{15}$

$\times \dfrac{1}{(자연수)}$ 로 바꿔.

2. $\dfrac{5}{6} \div 2 =$

3. $\dfrac{14}{15} \div 7 =$

4. $\dfrac{12}{5} \div 6 =$

5. $\dfrac{16}{11} \div 4 =$

6. $\dfrac{8}{3} \div 2 =$

7. $\dfrac{5}{2} \div 10 =$

8. $\dfrac{3}{7} \div 6 =$

9. $\dfrac{7}{8} \div 21 =$

10. $\dfrac{15}{4} \div 5 =$

11. $\dfrac{28}{9} \div 7 =$

12. $\dfrac{9}{4} \div 6 =$

13. $\dfrac{10}{13} \div 4 =$

14. $\dfrac{2}{3} \div 8 =$

응용 UP (분수) ÷ (자연수) ①

▶ 계산 결과가 나머지와 다른 하나를 찾아 색칠하세요.

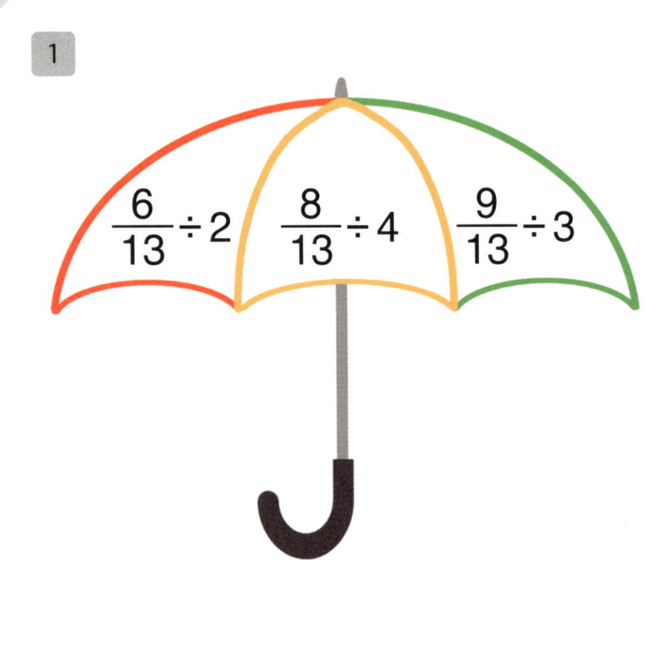

▶ 계산 결과가 가장 큰 것을 찾아 색칠하세요.

DAY 4 (분수) ÷ (자연수) ② 대분수 계산

계산하여 기약분수로 나타내세요.

1 $1\dfrac{3}{5} \div 2 = \dfrac{8}{5} \div 2 = \dfrac{8}{5} \times \dfrac{1}{2} = \dfrac{4}{5}$

2 $4\dfrac{2}{3} \div 2 =$

3 $5\dfrac{5}{8} \div 10 =$

4 $1\dfrac{5}{9} \div 7 =$

5 $2\dfrac{4}{7} \div 6 =$

6 $3\dfrac{7}{12} \div 3 =$

7 $1\dfrac{2}{3} \div 5 =$

8 $1\dfrac{2}{7} \div 5 =$

9 $1\dfrac{3}{4} \div 6 =$

10 $2\dfrac{5}{6} \div 3 =$

11 $3\dfrac{1}{2} \div 14 =$

12 $1\dfrac{13}{15} \div 4 =$

13 $4\dfrac{1}{2} \div 3 =$

14 $3\dfrac{1}{5} \div 8 =$

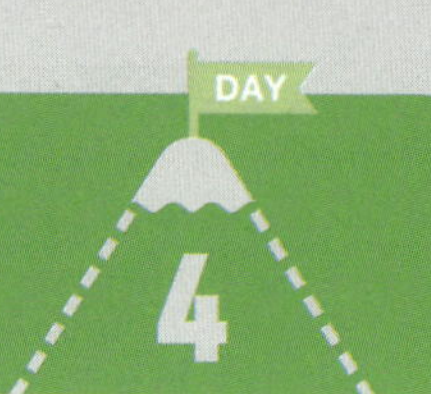

1 팬케이크 4인분을 만드는 데 필요한 재료입니다.
   팬케이크 1인분을 만드는 데 필요한 재료의 양을 구하세요.

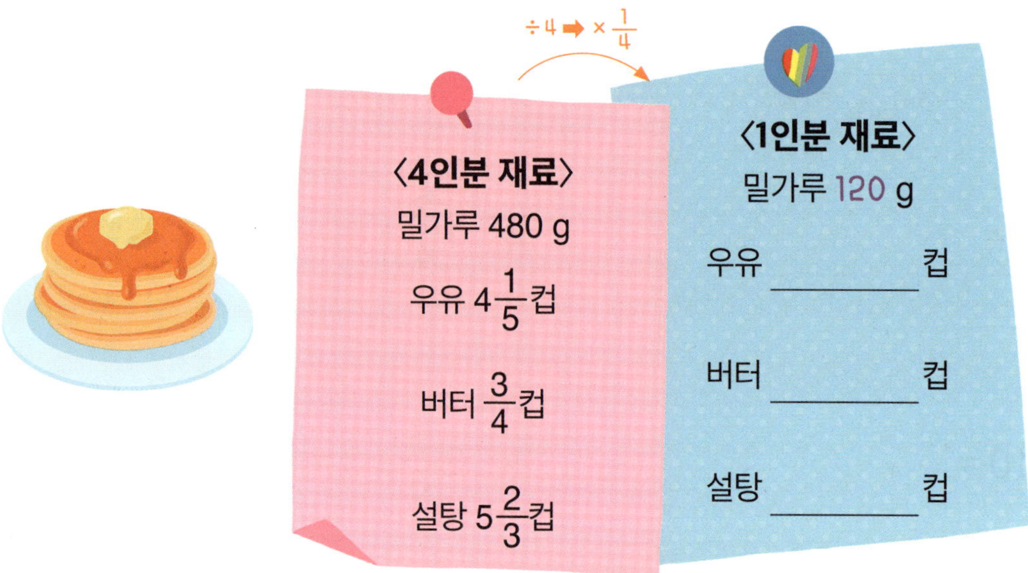

2 젤라또 아이스크림 6인분을 만드는 데 필요한 재료입니다.
   젤라또 아이스크림 1인분을 만드는 데 필요한 재료의 양을 구하세요.

5 분수의 나눗셈 종합 ①

계산하여 기약분수로 나타내세요.

1 $5 \div 8 = \dfrac{5}{8}$

2 $16 \div 5 =$

3 $18 \div 10 =$

4 $\dfrac{9}{5} \div 8 =$

5 $\dfrac{30}{7} \div 5 =$

6 $8\dfrac{2}{5} \div 3 =$

7 $2\dfrac{1}{3} \div 14 =$

8 $\dfrac{8}{9} \div 12 =$

9 $\dfrac{1}{10} \div 4 =$

10 $\dfrac{14}{15} \div 21 =$

11 $\dfrac{11}{8} \div 7 =$

12 $10\dfrac{2}{7} \div 4 =$

13 $8\dfrac{1}{4} \div 3 =$

14 $9\dfrac{3}{5} \div 4 =$

1 한 병에 $2\frac{4}{5}$ L씩 들어 있는 주스가 2병 있습니다. 민재가 이 주스를 일주일 동안 남김없이 똑같이 나누어 마셨다면 하루에 마신 주스는 몇 L일까요?

→ 전체 주스의 양

답 ____________

2 빨간색 페인트 $\frac{5}{12}$ L와 노란색 페인트 $\frac{1}{2}$ L를 섞어서 만든 주황색 페인트를 3개의 빈 통에 남김없이 똑같이 나누어 담았습니다. 한 통에 담은 페인트는 몇 L일까요?

답 ____________

3 색 테이프 $2\frac{3}{4}$ m 중에서 $\frac{1}{4}$ m를 사용하고 남은 색 테이프를 똑같이 4등분하여 잘랐습니다. 자른 한 도막의 길이는 몇 m일까요?

답 ____________

4 정삼각형과 정사각형의 둘레가 같을 때 정사각형의 한 변의 길이는 몇 cm일까요?

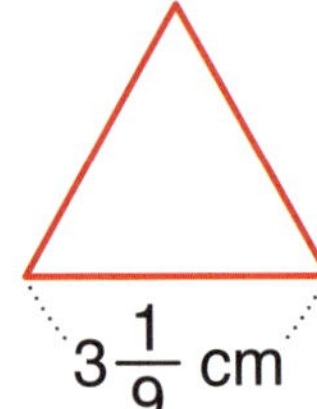

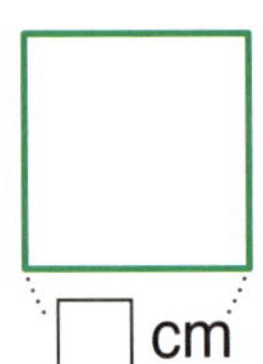

답 ____________

분수의 나눗셈 종합②

계산하여 기약분수로 나타내세요.

1. $\dfrac{7}{5} \div 3 = \dfrac{7}{5} \times \dfrac{1}{3} = \dfrac{7}{15}$

2. $\dfrac{5}{6} \div 25 =$

3. $2\dfrac{1}{3} \div 7 =$

4. $4 \div 32 =$

5. $2\dfrac{1}{6} \div 2 =$

6. $\dfrac{9}{20} \div 3 =$

7. $2\dfrac{1}{4} \div 6 =$

8. $3 \div 7 =$

9. $\dfrac{3}{8} \div 2 =$

10. $1\dfrac{1}{9} \div 5 =$

11. $26 \div 9 =$

12. $\dfrac{12}{11} \div 4 =$

13. $2\dfrac{2}{5} \div 8 =$

14. $4\dfrac{1}{8} \div 9 =$

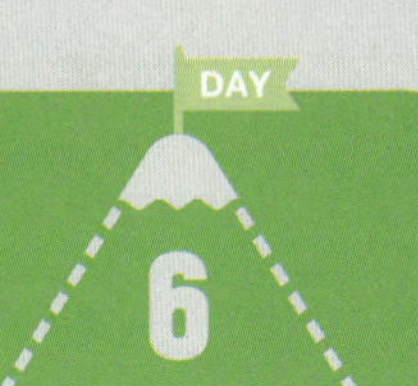

| 1단위의 값 구하기 |

1 주원이는 자전거를 타고 $\dfrac{14}{3}$ km를 달리는 데 15분이 걸렸습니다. 주원이는 **1분에 몇 km를** 달린 셈인가요?

(1분 동안 달린 거리)
=(달린 전체 거리)÷(걸린 시간)

답 ___________

3 철공소에 있는 철근 7 m의 무게는 $5\dfrac{5}{6}$ kg 입니다. 이 철근 **1 m의 무게는** 몇 kg일까요?

답 ___________

2 다영이는 산책로 6 km를 $\dfrac{5}{4}$ 시간 동안 걸었습니다. 다영이는 **1 km를 걷는 데** 몇 시간이 걸린 셈인가요?

답 ___________

4 철공소에 있는 철근 $4\dfrac{3}{8}$ m의 무게는 5 kg 입니다. 이 철근 **1 kg의 길이는** 몇 m일까요?

답 ___________

분수의 나눗셈 활용 ① 조건에 맞게 구하기

응용 **up**

1부터 9까지의 자연수 중에서 □ 안에 들어갈 수 있는 수를 모두 구하세요.

1

$$\square < \frac{40}{3} \div 4$$

$\frac{40}{3} \div 4 = \frac{\overset{10}{\cancel{40}}}{3} \times \frac{1}{\cancel{4}} = \frac{10}{3} = 3\frac{1}{3}$

➡ $\square < 3\frac{1}{3}$

□ 안에 들어갈 수 있는 자연수는 1, 2, 3입니다.

답 ___1, 2, 3___

4

$$\frac{\square}{23} < \frac{18}{23} \div 3$$

답 _______________

2

$$\frac{17}{4} \div 2 > \square$$

답 _______________

5

$$9\frac{3}{8} \div 3 > \square$$

답 _______________

3

$$\frac{\square}{5} > 2\frac{4}{5} \div 2$$

답 _______________

6

$$\square > 12\frac{2}{3} \div 2$$

답 _______________

응용 UP 분수의 나눗셈 활용 ①

▶ 수 카드 **3**장을 모두 사용하여 계산 결과가 가장 작은 나눗셈식을 **2**개 만들고, 계산하세요.

1 2 3 5

답 $\dfrac{2}{3} \div 5 = \dfrac{2}{15}$ ___

$\dfrac{\square}{\square} \times \dfrac{1}{\square}$ 의 값이 가장 작게 되는 경우를 찾아봐.

$\dfrac{2}{5} \div 3 = \dfrac{2}{15}$ ___

2 3 4 8

답 $\dfrac{\square}{\square} \div \square =$ ___

$\dfrac{\square}{\square} \div \square =$ ___

▶ 수 카드 **3**장을 모두 사용하여 계산 결과가 가장 큰 나눗셈식을 **2**개 만들고, 계산하세요.

3 2 3 5

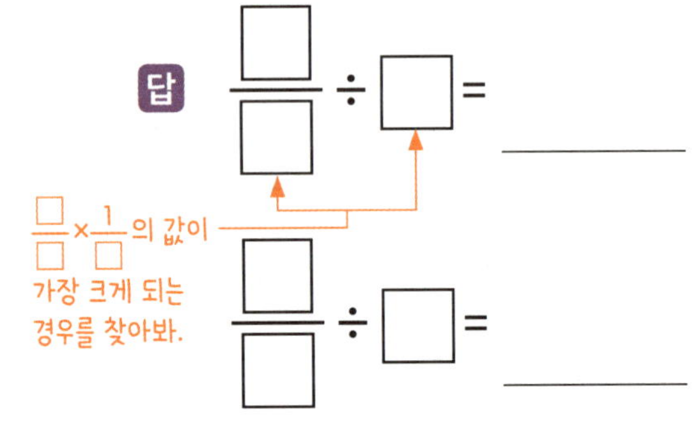

답 $\dfrac{\square}{\square} \div \square =$ ___

$\dfrac{\square}{\square} \times \dfrac{1}{\square}$ 의 값이 가장 크게 되는 경우를 찾아봐.

$\dfrac{\square}{\square} \div \square =$ ___

4 4 5 7

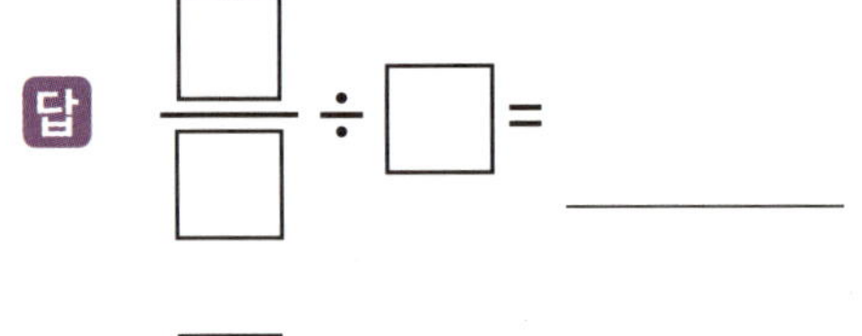

답 $\dfrac{\square}{\square} \div \square =$ ___

$\dfrac{\square}{\square} \div \square =$ ___

분수의 나눗셈 활용② 어떤 수 구하기 응용 

□ 안에 알맞은 기약분수를 구하세요.

1

$$\square \times 3 = \dfrac{12}{5}$$

$\square \times 3 = \dfrac{12}{5} \;\Rightarrow\; \square = \dfrac{12}{5} \div 3$

답 ____________

2

$$10 \times \square = \dfrac{5}{6}$$

답 ____________

3

$$\square \times 6 = 8\dfrac{4}{7}$$

답 ____________

4

$$\square \times 2 = \dfrac{3}{4}$$

답 ____________

5

$$4 \times \square = 1\dfrac{3}{17}$$

답 ____________

6

$$3\dfrac{1}{3} = \square \times 5$$

답 ____________

다음을 읽고 기약분수로 답하세요.

1 어떤 분수에 6을 곱했더니 $\dfrac{3}{8}$이 되었습니다. 어떤 분수는 얼마일까요?

답 ______________

2 어떤 분수에 3을 곱했더니 $1\dfrac{1}{2}$이 되었습니다. 어떤 분수는 얼마일까요?

답 ______________

3 어떤 분수에 4를 곱했더니 $\dfrac{2}{5}$가 되었습니다. 어떤 분수는 얼마일까요?

답 ______________

4 어떤 분수를 7로 나누어야 할 것을 잘못하여 곱했더니 $\dfrac{14}{9}$가 되었습니다. 바르게 계산한 값을 구하세요.

답 ______________

마무리 확인

1 나눗셈의 몫을 기약분수로 나타내세요.

(1) $7 \div 25 =$

(2) $4 \div 11 =$

(3) $9 \div 12 =$

(4) $8 \div 10 =$

(5) $7 \div 4 =$

(6) $15 \div 6 =$

2 계산하여 기약분수로 나타내세요.

(1) $\dfrac{5}{6} \div 4 =$

(2) $\dfrac{2}{7} \div 5 =$

(3) $\dfrac{11}{4} \div 4 =$

(4) $\dfrac{15}{8} \div 3 =$

(5) $1\dfrac{1}{5} \div 2 =$

(6) $2\dfrac{2}{3} \div 8 =$

3 빈 곳에 알맞은 수를 써넣으세요.

(1)

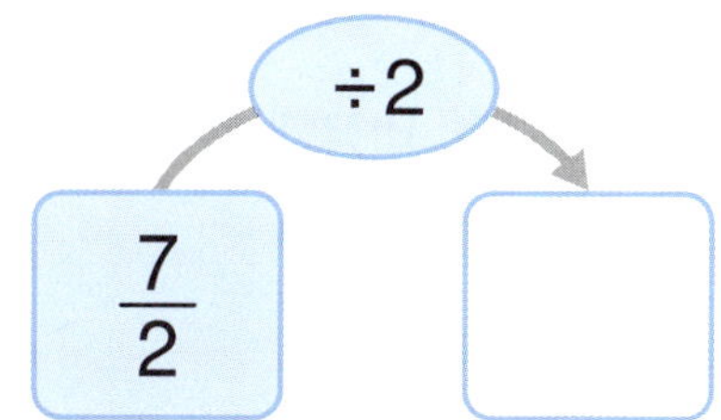

(2)

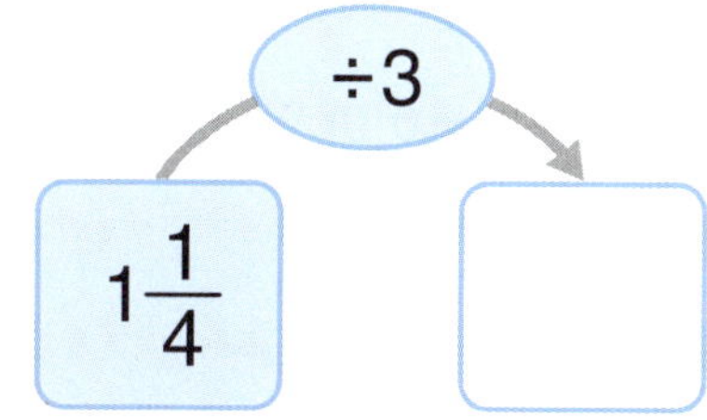

4 다연이는 철사 $\dfrac{42}{5}$ cm를 겹치지 않게 모두 사용하여 정삼각형을 만들었습니다. 이 정삼각형의 한 변의 길이는 몇 cm일까요?

식 ____________________ 답 ____________________

5 우주는 산책로 $2\dfrac{5}{8}$ km를 걷는 데 30분이 걸렸습니다. 우주는 1분에 몇 km를 걸은 셈인가요?

식 ____________________ 답 ____________________

6 □ 안에 들어갈 수 있는 자연수 중에서 가장 큰 수를 구하세요.

$$2\dfrac{7}{10} \div 3 > \dfrac{\square}{10}$$

(   )

7 어떤 분수를 4로 나누어야 할 것을 잘못하여 곱했더니 $\dfrac{6}{7}$이 되었습니다. 바르게 계산한 값을 구하세요.

(   )

02 각기둥과 각뿔

이전에 배운 내용

4-2 다각형
• 다각형의 이해
• 다각형의 이름

5-2 직육면체
• 직육면체의 면, 모서리, 꼭짓점
• 직육면체의 전개도

지금 배울 내용

6-1 각기둥과 각뿔
• 각기둥과 각뿔의 이해
• 각기둥, 각뿔의 구성 요소와 성질
• 각기둥의 전개도

앞으로 배울 내용

6-2 원기둥, 원뿔, 구
• 원기둥과 원뿔의 이해
• 원기둥, 원뿔의 구성 요소와 성질
• 원기둥의 전개도

· 학습기록표 ·

학습 일차	학습 내용	날짜	맞은 개수	
			연산	응용
DAY 10	**각기둥과 각뿔 ①** 입체도형의 이름	/	/12	/6
DAY 11	**각기둥과 각뿔 ②** 구성 요소	/	/6	/4
DAY 12	**각기둥과 각뿔 ③** 각기둥의 전개도	/	/4	/3
DAY 13	**마무리 확인**	/		/15

2. 각기둥과 각뿔

▶ 각기둥

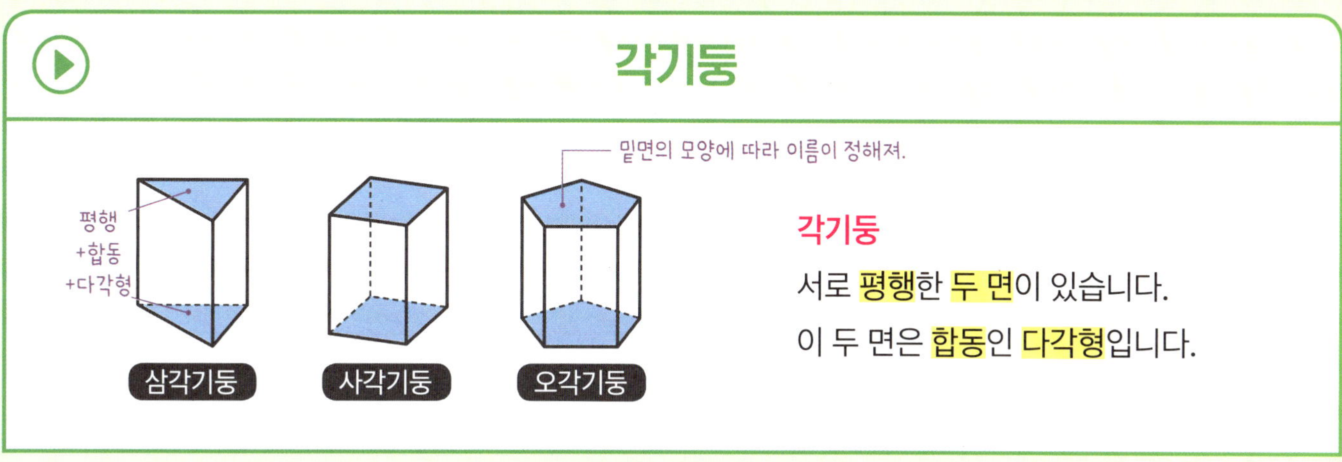

각기둥

서로 **평행**한 **두 면**이 있습니다.

이 두 면은 **합동**인 **다각형**입니다.

▶ 각기둥의 구성 요소

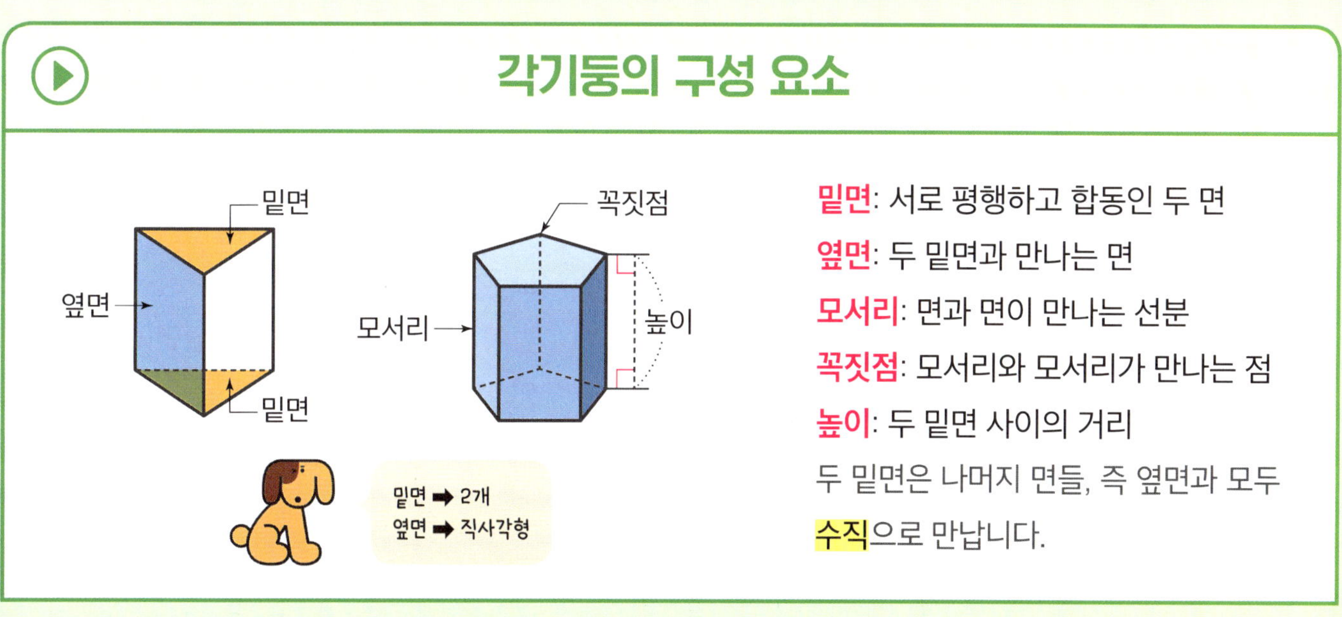

밑면: 서로 평행하고 합동인 두 면

옆면: 두 밑면과 만나는 면

모서리: 면과 면이 만나는 선분

꼭짓점: 모서리와 모서리가 만나는 점

높이: 두 밑면 사이의 거리

두 밑면은 나머지 면들, 즉 옆면과 모두 **수직**으로 만납니다.

▶ 각기둥의 전개도

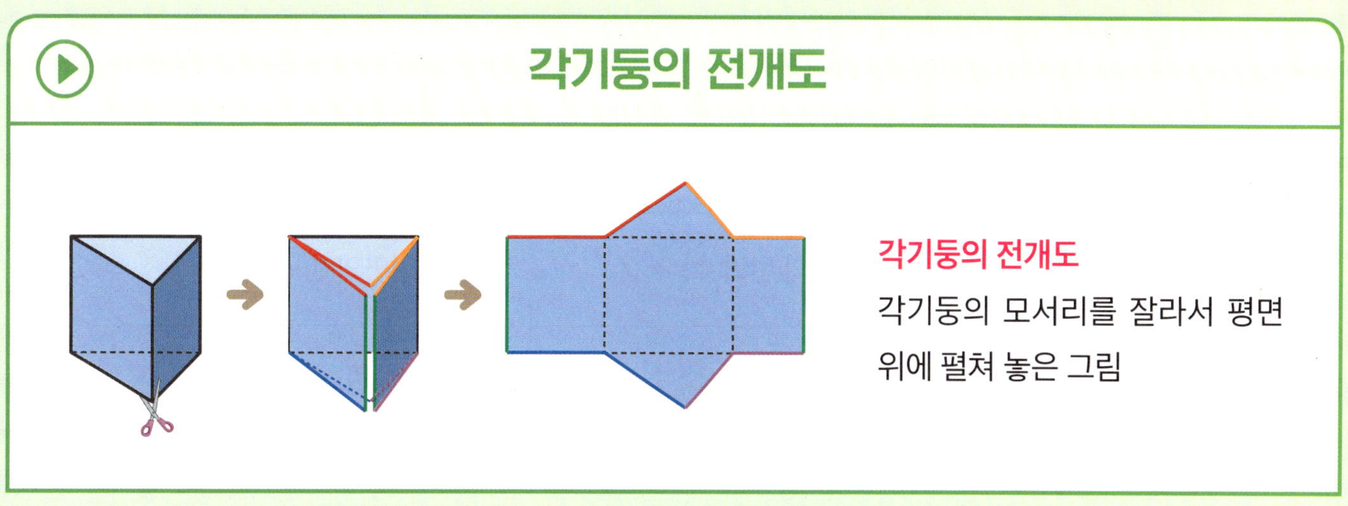

각기둥의 전개도

각기둥의 모서리를 잘라서 평면 위에 펼쳐 놓은 그림

각뿔

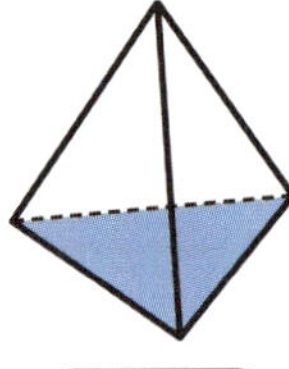

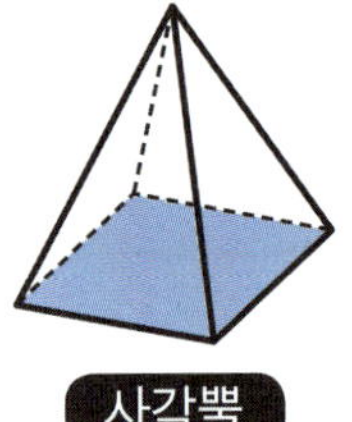

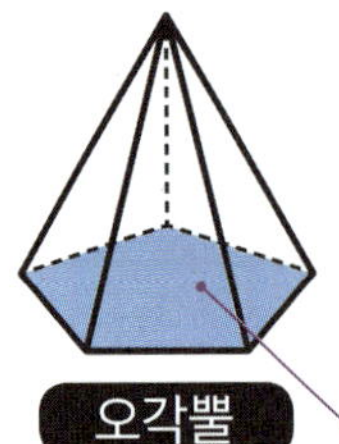

각뿔

뿔 모양입니다.

옆으로 둘러싼 모양은 모두 삼각형입니다.

밑면의 모양에 따라 이름이 정해져.

각뿔의 구성 요소

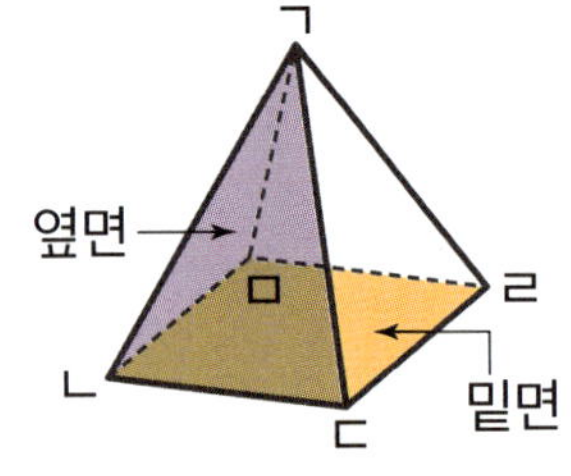

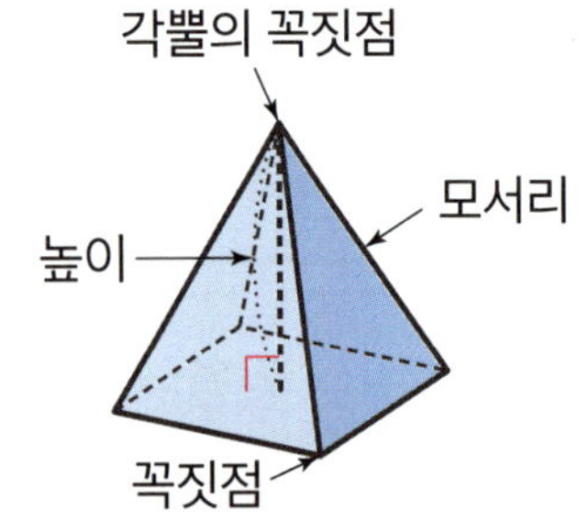

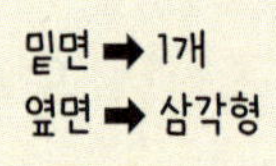

밑면: 면 ㄴㄷㄹㅁ과 같은 면

옆면: 밑면과 만나는 면

모서리: 면과 면이 만나는 선분

꼭짓점: 모서리와 모서리가 만나는 점

각뿔의 꼭짓점: 꼭짓점 중에서 옆면이 모두 만나는 점

높이: 각뿔의 꼭짓점에서 밑면에 수직인 선분의 길이

구성 요소 사이의 규칙

	각기둥	각뿔
꼭짓점의 수	(한 밑면의 변의 수) × 2	(밑면의 변의 수) + 1
면의 수	(한 밑면의 변의 수) + 2	(밑면의 변의 수) + 1
모서리의 수	(한 밑면의 변의 수) × 3	(밑면의 변의 수) × 2

연산 UP

입체도형을 보고 이름을 쓰세요.

1

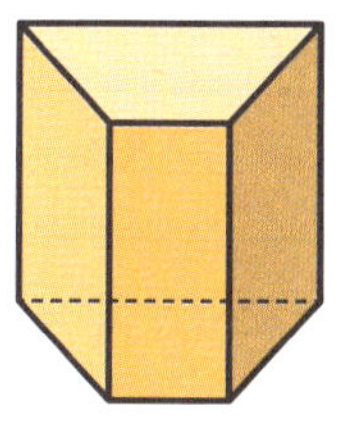

사각기둥

5

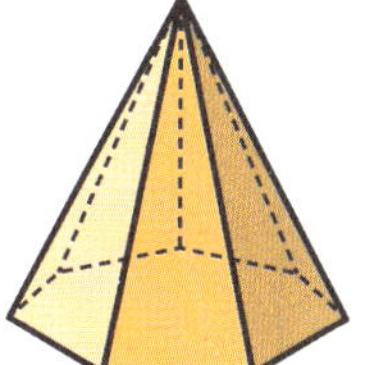

____

9

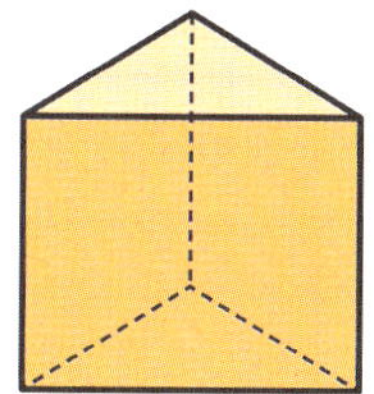

____

2

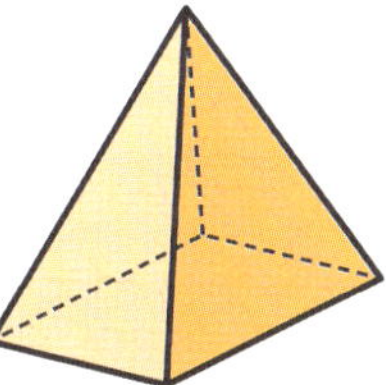

____

6

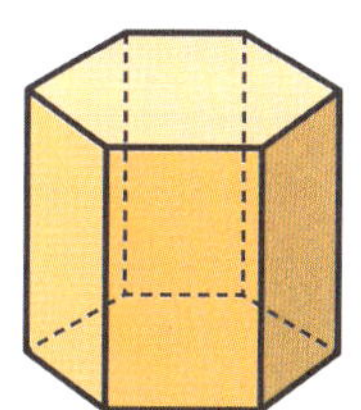

____

10

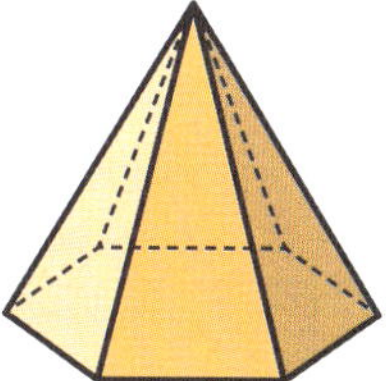

____

3

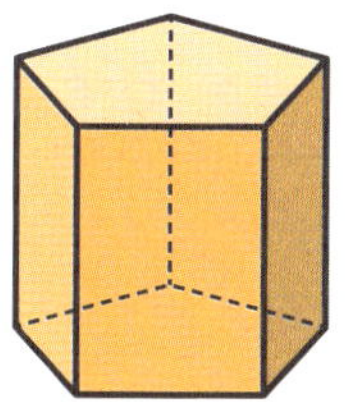

____

7

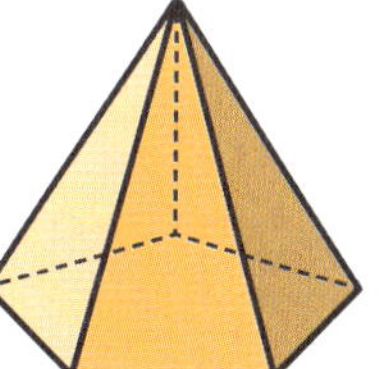

____

11

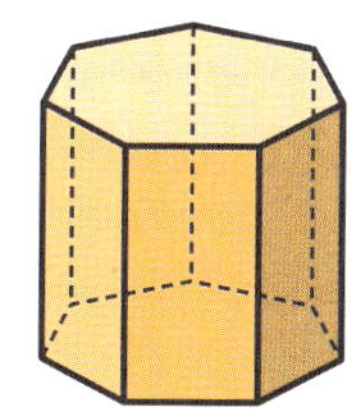

____

4

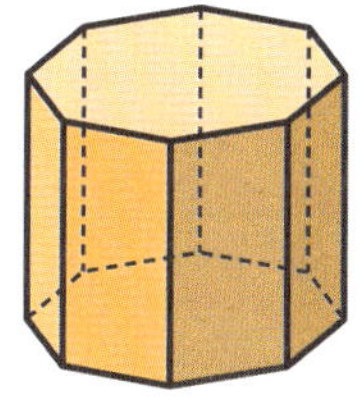

____

8

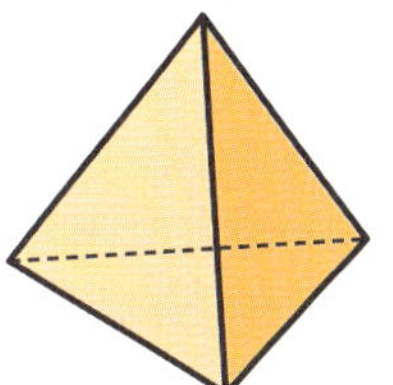

____

12

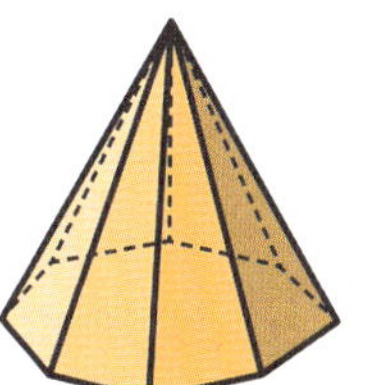

____

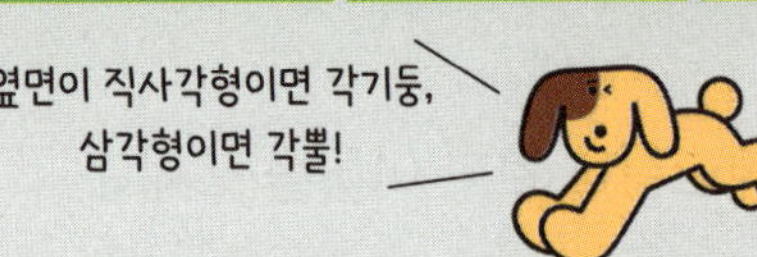

밑면과 옆면이 다음과 같은 입체도형의 이름을 쓰세요.

1

	밑면	옆면
모양	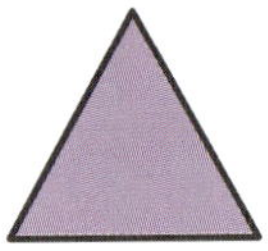 △	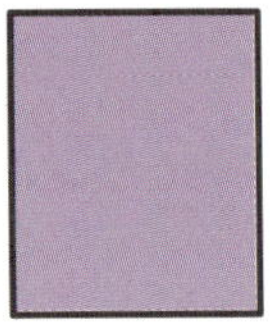 ▭
수	2개	3개

____

4

	밑면	옆면
모양	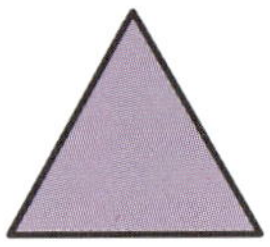 △	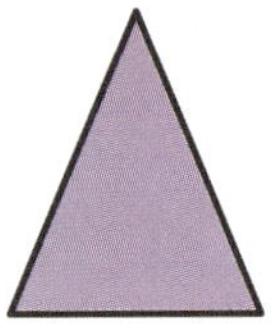 △
수	1개	3개

____

2

	밑면	옆면
모양	▭	▭
수	2개	4개

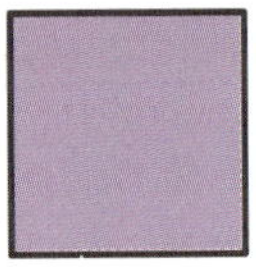

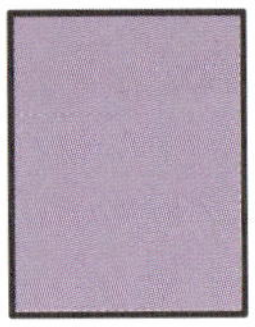

____

5

	밑면	옆면
모양	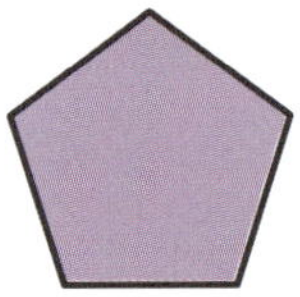 ⬠	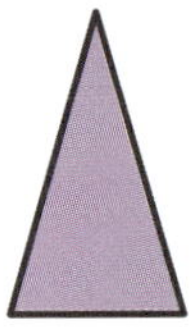 △
수	1개	5개

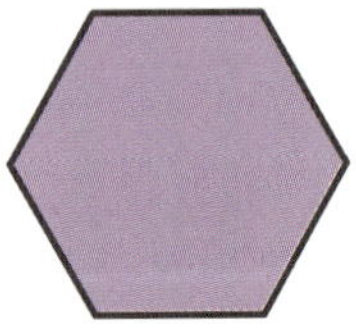

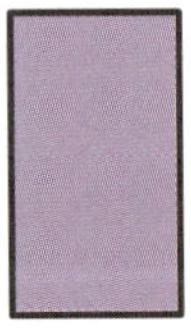

____

3

	밑면	옆면
모양	⬡	▭
수	2개	6개

____

6

	밑면	옆면
모양	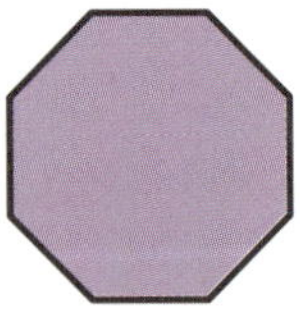 ⯃	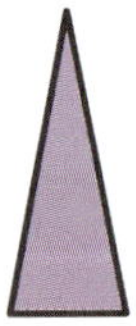 △
수	1개	8개

____

빈칸에 알맞은 수를 써넣으세요.

구성 요소의 수	한 밑면의 변의 수(개)	꼭짓점의 수(개)	면의 수(개)	모서리의 수(개)
1	3			
2				
3				

(한 밑면의 변의 수)×2   (한 밑면의 변의 수)+2   (한 밑면의 변의 수)×3

구성 요소의 수	밑면의 변의 수(개)	꼭짓점의 수(개)	면의 수(개)	모서리의 수(개)
4				
5				
6				

(밑면의 변의 수)+1   (밑면의 변의 수)+1   (밑면의 변의 수)×2

1 꼭짓점이 **8**개인 각기둥의 이름은 무엇인가요?

답 ________________

2 모서리의 수가 **15**개인 각기둥의 이름은 무엇인가요?

답 ________________

3 꼭짓점이 **4**개인 각뿔의 이름은 무엇인가요?

답 ________________

4 모서리의 수가 **12**개인 각뿔의 이름은 무엇인가요?

답 ________________

왼쪽 각기둥의 전개도를 모두 찾아 ○표 하세요.

밑면의 모양과 개수, 옆면의 모양과 개수, 접었을 때 만나는 선분의 길이 등을 살펴봐.

1

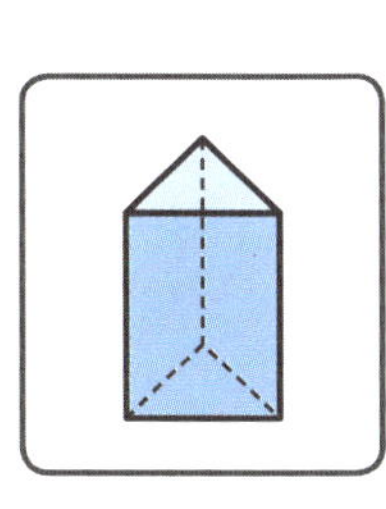
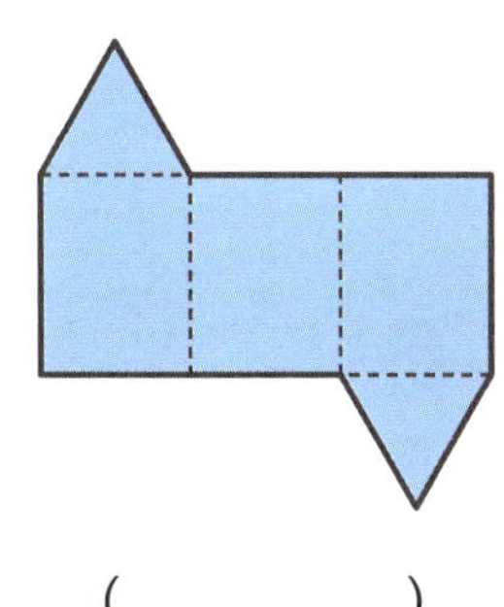
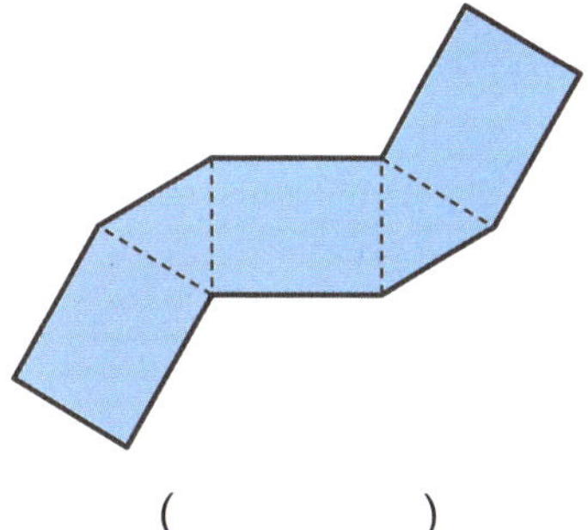
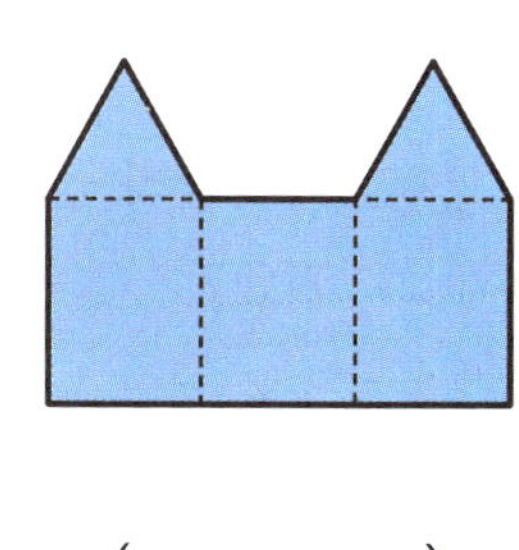

(   )　　(   )　　(   )

2

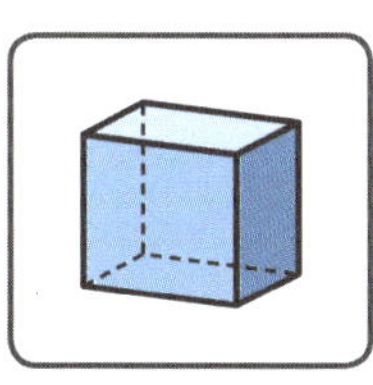
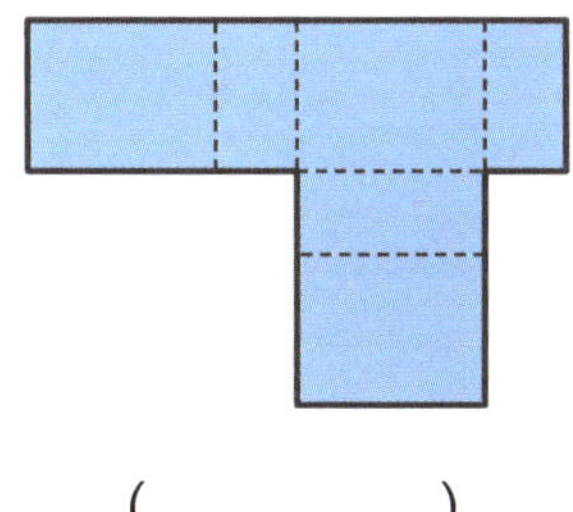
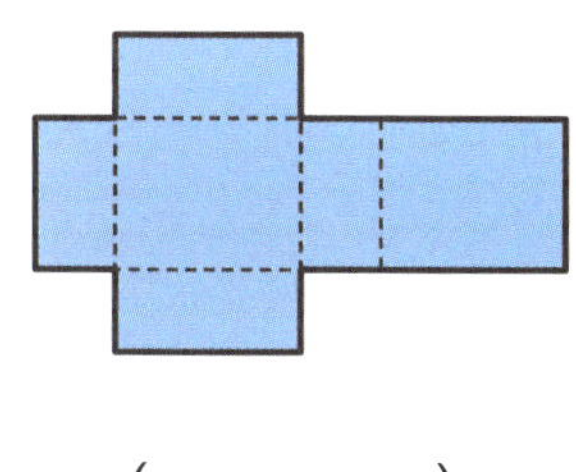
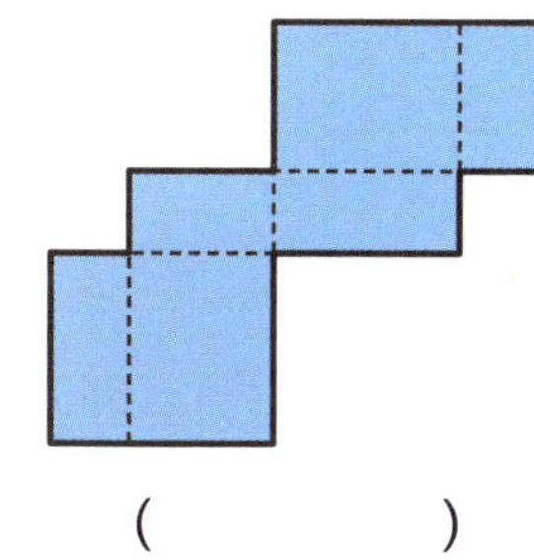

(   )　　(   )　　(   )

3

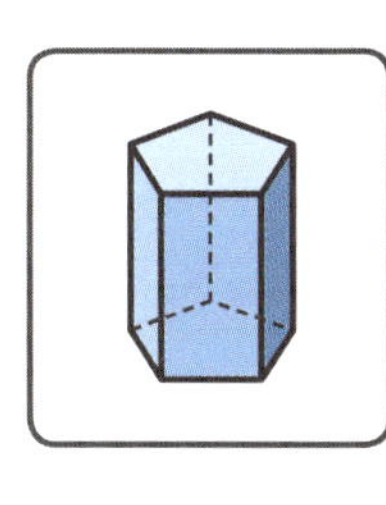
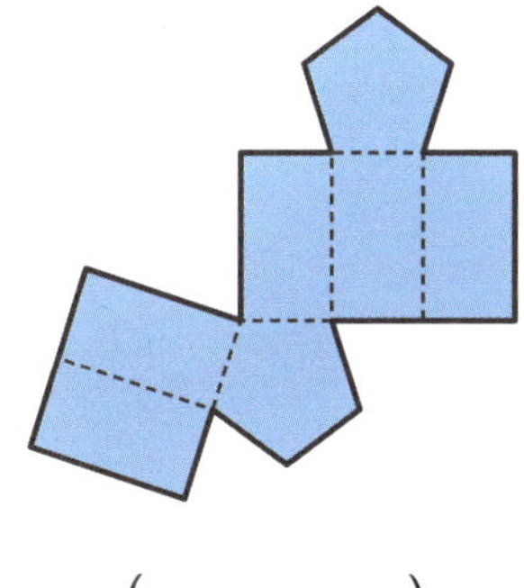
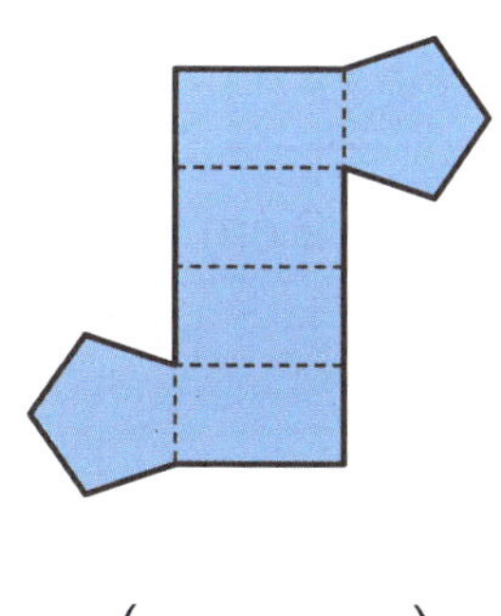
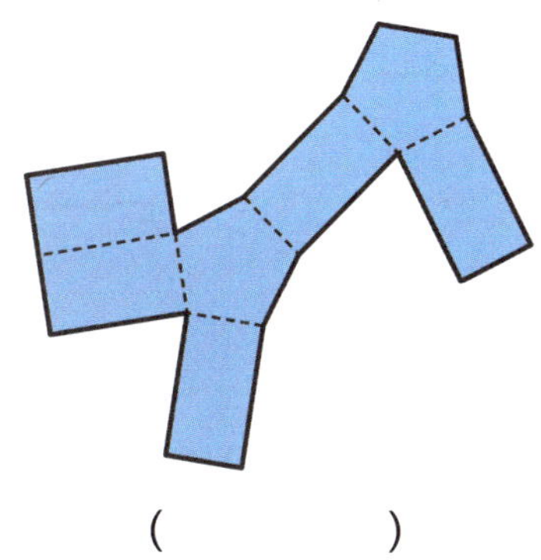

(   )　　(   )　　(   )

4

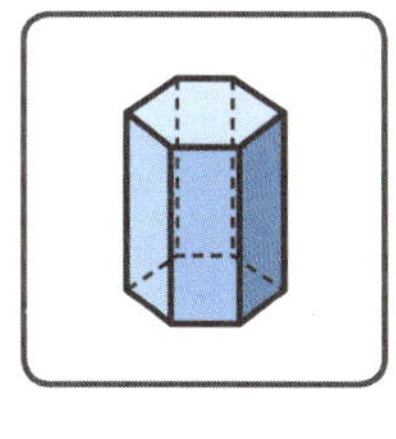
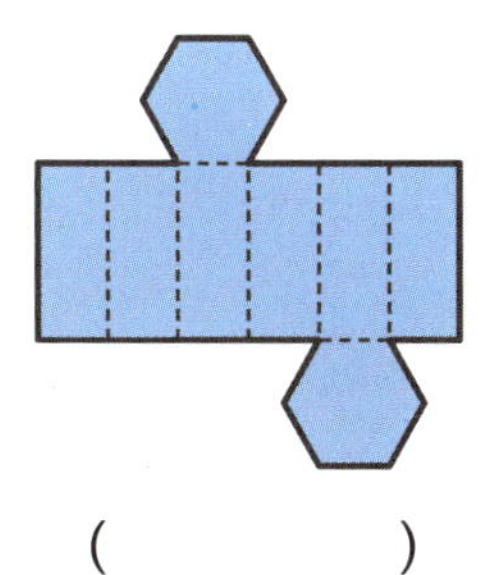
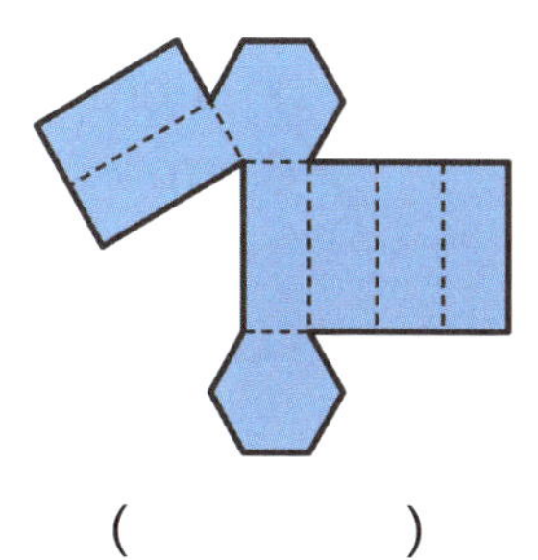
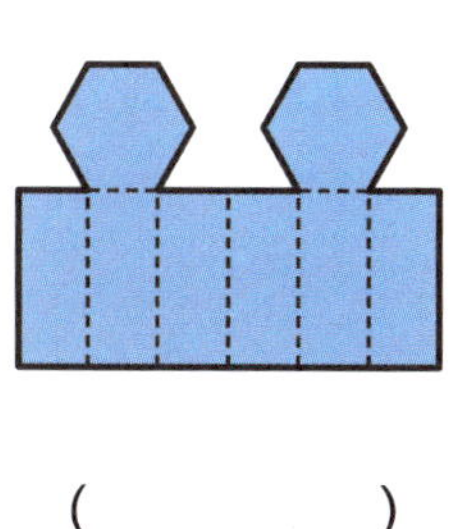

(   )　　(   )　　(   )

| 전개도의 둘레를 구하는 문제 |

1 각기둥의 전개도에서 사각형 ㄱㄴㅂㅅ의 둘레는 몇 cm인가요?

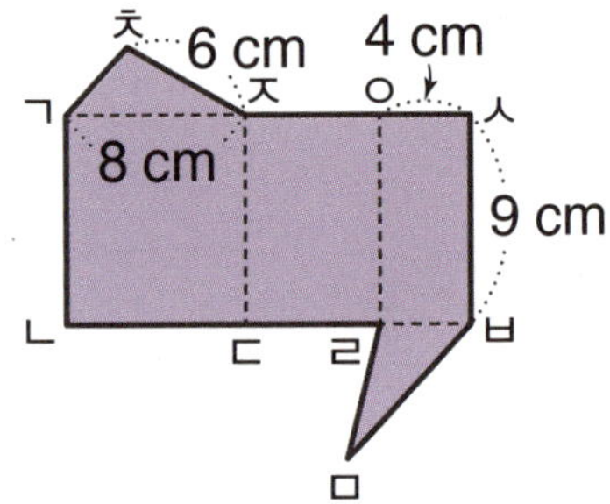

답 _______________

2 사각기둥의 전개도입니다. 전개도의 둘레는 몇 cm인가요?

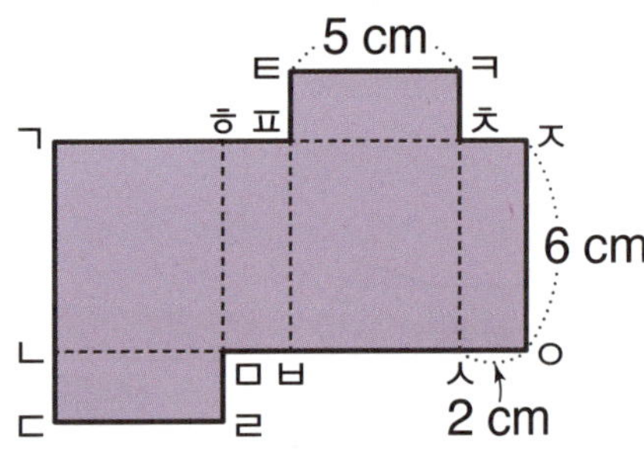

답 _______________

3 밑면이 정오각형인 오각기둥의 전개도입니다. 전개도의 둘레는 몇 cm인가요?

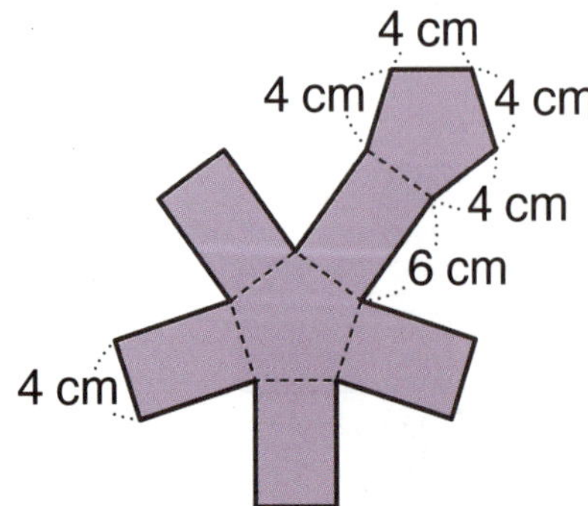

답 _______________

1 입체도형을 보고 이름을 쓰세요.

(1) 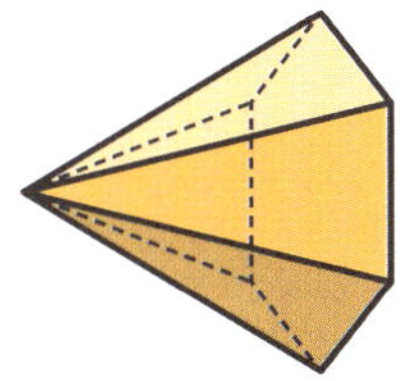

____

(2) 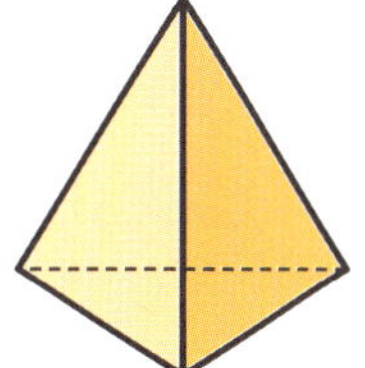

____

(3) 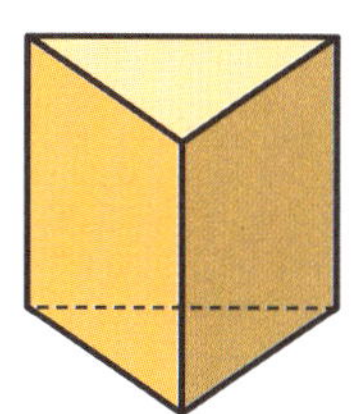

____

(4) 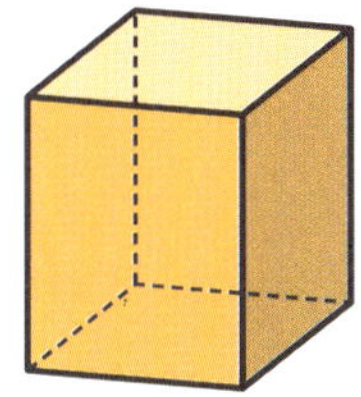

____

(5) 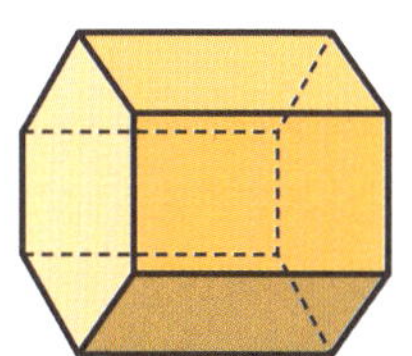

____

(6) 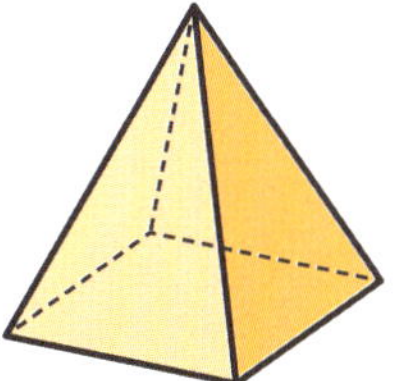

____

2 빈칸에 알맞은 수를 써넣으세요.

	도형	꼭짓점의 수(개)	면의 수(개)	모서리의 수(개)
(1)	사각기둥			
(2)	육각기둥			
(3)	삼각뿔			
(4)	오각뿔			
(5)	팔각뿔			

3 오른쪽 각기둥의 옆면의 수와 밑면의 수의 차를 구해 보세요.

(   )

4 오른쪽 그림과 같은 삼각형 **5**개를 옆면으로 하는 각뿔의 이름은 무엇인가요?

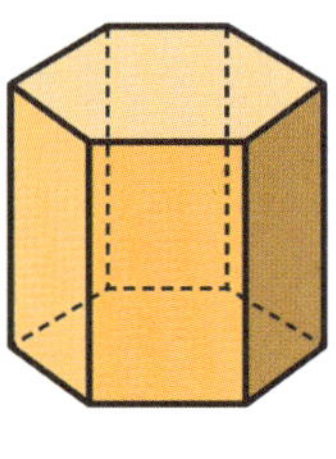

(   )

5 다음에서 설명하는 입체도형은 면이 몇 개인가요?

> · 각기둥입니다.
> · 모서리의 수는 **12**개입니다.
> · 꼭짓점의 수는 **8**개입니다.

(   )

6 전개도를 접어서 각기둥을 만들었습니다. □ 안에 알맞은 수를 써넣으세요.

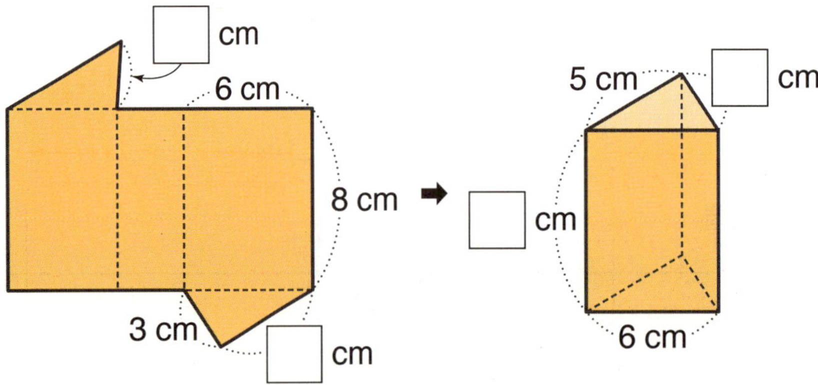

03 소수의 나눗셈

학습 일차	학습 내용	날짜	맞은 개수	
			연산	응용
DAY 14	**소수의 나눗셈 원리** 자연수의 나눗셈을 이용하기	/	/8	/10
DAY 15	**(소수)÷(자연수) ①** 몫이 1보다 큰 나눗셈	/	/9	/4
DAY 16	**(소수)÷(자연수) ②** 몫이 1보다 작은 나눗셈	/	/11	/4
DAY 17	**(소수)÷(자연수) ③** 소수점 아래 0을 내려 계산하기	/	/9	/3
DAY 18	**(소수)÷(자연수) ④** 몫의 소수 첫째 자리에 0이 있는 나눗셈	/	/9	/3
DAY 19	**(자연수)÷(자연수) ①**	/	/9	/4
DAY 20	**(자연수)÷(자연수) ②**	/	/9	/3
DAY 21	**소수의 나눗셈 종합 ①**	/	/9	/4
DAY 22	**소수의 나눗셈 종합 ②**	/	/9	/4
DAY 23	**소수의 나눗셈 종합 ③**	/	/9	/2
DAY 24	**소수의 나눗셈 종합 ④**	/	/9	/3
DAY 25	**소수의 나눗셈 활용 ①** 어떤 수 구하기	/	/10	/4
DAY 26	**소수의 나눗셈 활용 ②** 조건에 맞는 수 구하기	/	/4	/3
DAY 27	**마무리 확인**	/		/15

3. 소수의 나눗셈

▶ (소수) ÷ (자연수)의 계산 원리

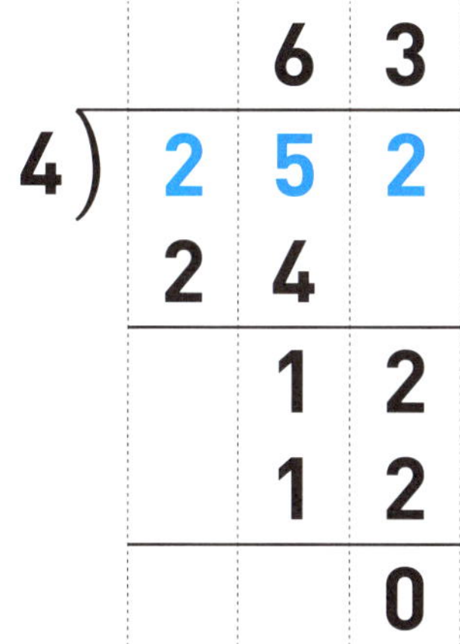

$252 \div 4 = 63$

$\frac{1}{10}$배　　$\frac{1}{10}$배

$25.2 \div 4 = 6.3$

❶ 자연수의 나눗셈과 같은 방법으로 계산합니다.

❷ 몫의 소수점은 나누어지는 수의 소수점의 위치와 같게 찍습니다.

▶ 몫에 0이 있는 나눗셈

· 몫이 1보다 작은 경우

몫이 1보다 작으므로 자연수 자리에 0을 쓰고 소수점을 찍습니다.

· 몫의 소수 첫째 자리에 0이 있는 경우

나누어야 할 수가 나누는 수보다 작을 때에는 몫에 0을 쓰고 수를 하나 더 내려 계산합니다.

• (소수)÷(자연수)

8.2÷5 ➡

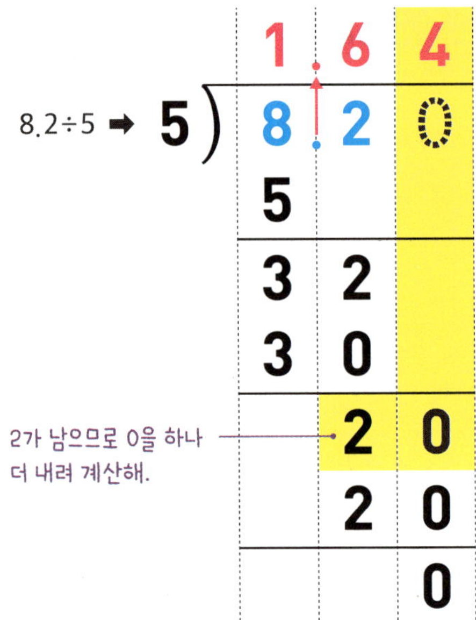

2가 남으므로 0을 하나 더 내려 계산해.

나누어떨어지지 않고 나머지가 있으므로 나누어지는 수의 소수점 아래 끝에 0이 계속 있다고 생각하고 0을 내려 계산합니다.

• (자연수)÷(자연수)

5÷4 ➡

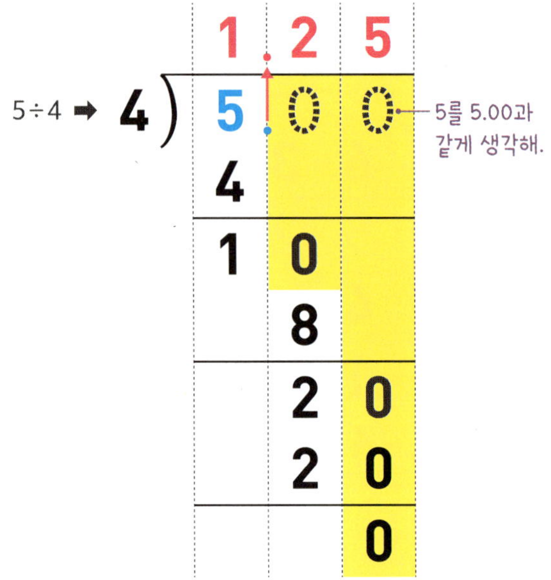

5를 5.00과 같게 생각해.

나누어떨어지지 않고 나머지가 있으므로 몫의 소수점은 자연수 바로 뒤에서 올려 찍고 나누어지는 수의 소수점 아래 끝에 0이 계속 있다고 생각하고 0을 내려 계산합니다.

(자연수)÷(자연수)의 몫을 구하는 여러 가지 방법

방법1 나눗셈의 몫을 분수로 나타내기

$$7÷25 = \frac{7}{25} = \frac{28}{100}$$
$$= 0.28$$

방법2 자연수의 나눗셈 이용하기

$\frac{1}{100}$배

$700÷25 = 28 ➡ 7÷25 = 0.28$

$\frac{1}{100}$배

방법3 세로셈으로 계산하기

```
       0 . 2 8
  25) 7 . 0 0
       5   0
       2   0 0
       2   0 0
             0
```

소수의 나눗셈 원리

자연수의 나눗셈을 이용하기

자연수의 나눗셈을 이용하여 소수의 나눗셈을 계산해 보세요.

1
$$488 \div 4 = 122$$
$$48.8 \div 4 = 12.2$$
$$4.88 \div 4 = 1.22$$
($\frac{1}{10}$배, $\frac{1}{100}$배)

5
$$393 \div 3 =$$
$$39.3 \div 3 =$$
$$3.93 \div 3 =$$

2
$$848 \div 4 = 212$$
$$84.8 \div 4 =$$
$$8.48 \div 4 =$$

6
$$684 \div 2 =$$
$$68.4 \div 2 =$$
$$6.84 \div 2 =$$

3
$$699 \div 3 = 233$$
$$69.9 \div 3 =$$
$$6.99 \div 3 =$$

7
$$408 \div 4 =$$
$$40.8 \div 4 =$$
$$4.08 \div 4 =$$

4
$$864 \div 2 = 432$$
$$86.4 \div 2 =$$
$$8.64 \div 2 =$$

8
$$936 \div 3 =$$
$$93.6 \div 3 =$$
$$9.36 \div 3 =$$

□ 안에 알맞은 수를 써넣으세요.

1 $963 \div 3 = 321$

$\boxed{9.63} \div 3 = 3.21$

2 $484 \div 4 = 121$

$\boxed{} \div 4 = 12.1$

3 $33.9 \div 3 = 11.3$

$3.39 \div 3 = \boxed{}$

4 $68.6 \div 2 = 34.3$

$6.86 \div 2 = \boxed{}$

5 $60.6 \div 6 = 10.1$

$\boxed{} \div 6 = 1.01$

6 $826 \div 2 = 413$

$\boxed{} \div 2 = 41.3$

7 $64.4 \div 2 = 32.2$

$6.44 \div 2 = \boxed{}$

8 $55.5 \div 5 = 11.1$

$5.55 \div 5 = \boxed{}$

9 $44.8 \div 4 = 11.2$

$\boxed{} \div 4 = 1.12$

10 $366 \div 3 = 122$

$\boxed{} \div 3 = 1.22$

15 DAY

(소수) ÷ (자연수) ① 몫이 1보다 큰 나눗셈

① 자연수의 나눗셈과 똑같이 계산해.
② 몫의 소수점은 나누어지는 수의 소수점의 위치와 같게 찍어.

1

$$
\begin{array}{r}
3.8 \\
6\,)\,2\,2.8 \\
1\,8 \\
\hline
4\,8 \\
4\,8 \\
\hline
0
\end{array}
$$

4

$$9\,)\,1\,5.3$$

7

$$8\,)\,1\,9.2$$

2

$$3\,)\,4.8$$

5

$$5\,)\,1\,2.5$$

8

$$4\,)\,4\,9.2$$

3

$$3\,)\,1\,2.7\,5$$

6

$$7\,)\,2\,9.1\,2$$

9

$$4\,)\,5\,3.7\,6$$

1 물 12.75 L를 물통 3개에 남김없이 똑같이 나누어 담으려고 합니다. 물통 한 개에 물을 몇 L씩 담을 수 있나요?
　　→ (전체 물의 양)을 (물통 수)로 나눠.

식

답 ______________

2 4분에 7.28 cm가 타는 양초가 있습니다. 이 양초가 일정한 빠르기로 탄다면 1분 동안 타는 양초의 길이는 몇 cm인가요?

식

답 ______________

3 놀이공원에서 학교까지의 거리는 8.52 km이고, 체육관에서 학교까지의 거리는 6 km입니다. 놀이공원에서 학교까지의 거리는 체육관에서 학교까지의 거리의 몇 배인가요?
　　→ □는　　　→ △의　　　→ 몇 배?
　　　　　　　　　　　　　　➡ □÷△

식

답 ______________

4 직사각형 (가)의 넓이는 직사각형 (나)의 넓이의 몇 배인가요?

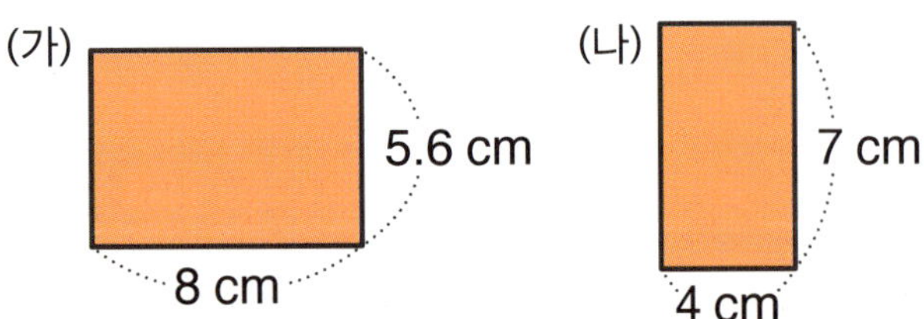

답 ______________

(소수) ÷ (자연수) ② 몫이 1보다 작은 나눗셈

① 자연수의 나눗셈과 똑같이 계산해.
② 몫의 소수점은 나누어지는 수의 소수점의 위치와 같게 찍어.
③ 자연수 부분은 비어 있으니까 0을 쓰면 돼.

1
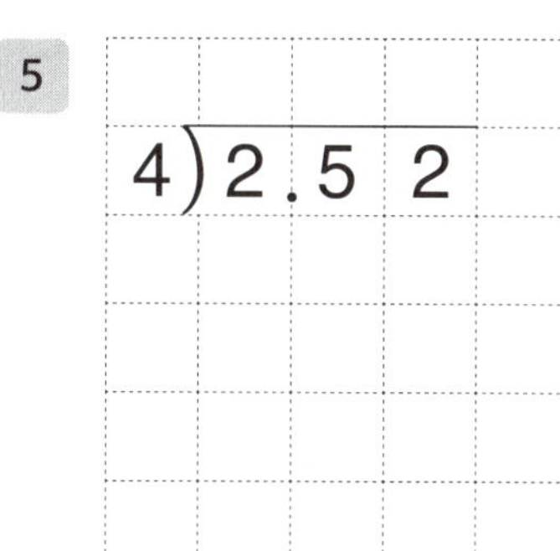

5
$4\overline{)2.52}$

2
$6\overline{)5.22}$

6
$5\overline{)3.65}$

9
$8\overline{)5.12}$

3
$2\overline{)1.52}$

7
$7\overline{)3.64}$

10
$9\overline{)7.47}$

4
$3\overline{)1.26}$

8
$6\overline{)2.28}$

11
$5\overline{)3.25}$

1 동우는 일주일 동안 우유 1.75 L를 매일 똑같이 나누어 마셨습니다. 하루에 마신 우유는 몇 L인가요?

→ 7일

(하루에 마신 우유의 양)
=(전체 우유의 양)÷(날수)

답 ______________

2 굵기가 일정한 나무 막대 4 m의 무게가 3.32 kg입니다. 이 나무 막대 1 m의 무게는 몇 kg인가요?

답 ______________

3 밀가루 4.56 kg을 6모둠에 남김없이 똑같이 나누어 주려고 합니다. 한 모둠에 밀가루를 몇 kg씩 나누어 주면 될까요?

답 ______________

4 가로가 4 m, 세로가 2 m인 직사각형 모양의 벽면을 모두 칠하는 데 페인트 5.84 L를 사용했습니다. 벽면 1 m^2를 칠하는 데 사용한 페인트는 몇 L인가요?

→ 벽면의 넓이를 먼저 구해.

답 ______________

(소수) ÷ (자연수) ③ 소수점 아래 0을 내려 계산하기

나머지가 0이 될 때까지 계산해 보세요.

1

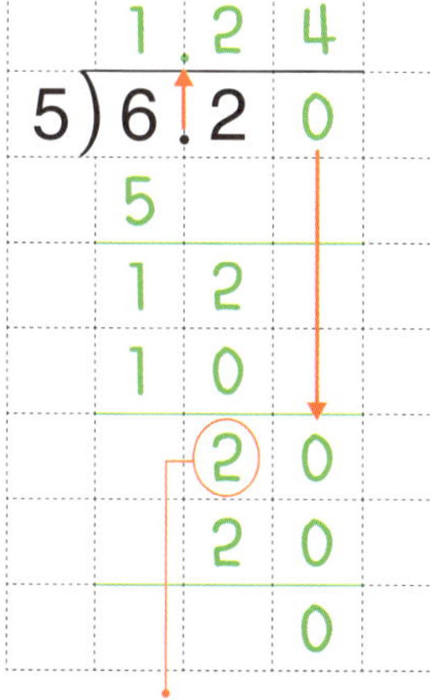

4

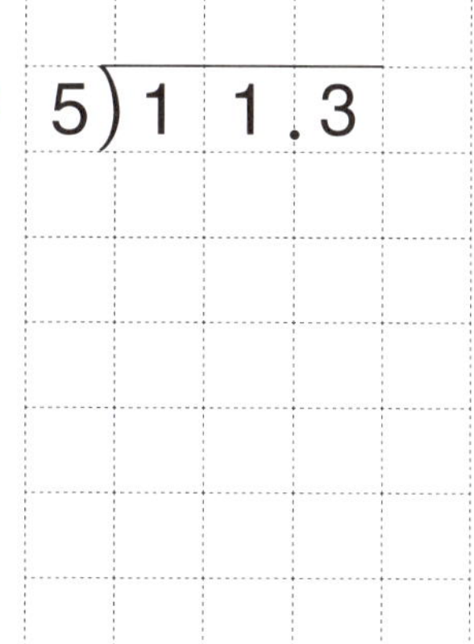

7

2

5

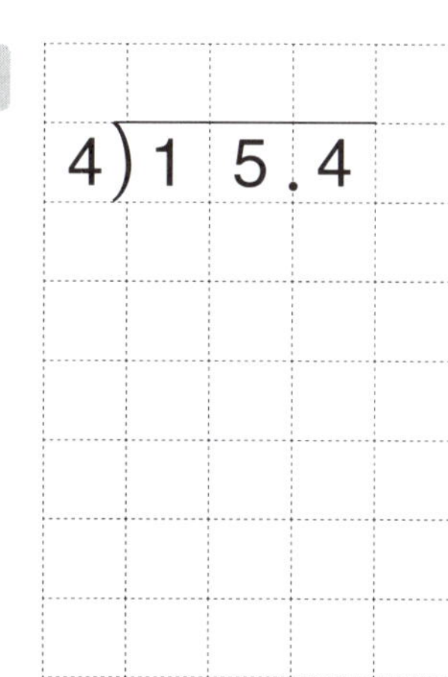

8

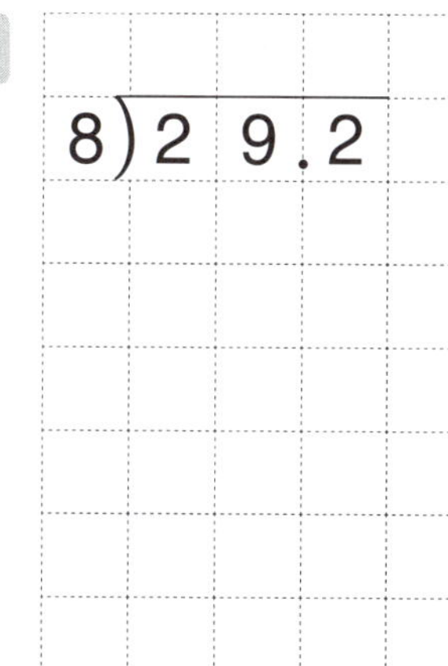

3

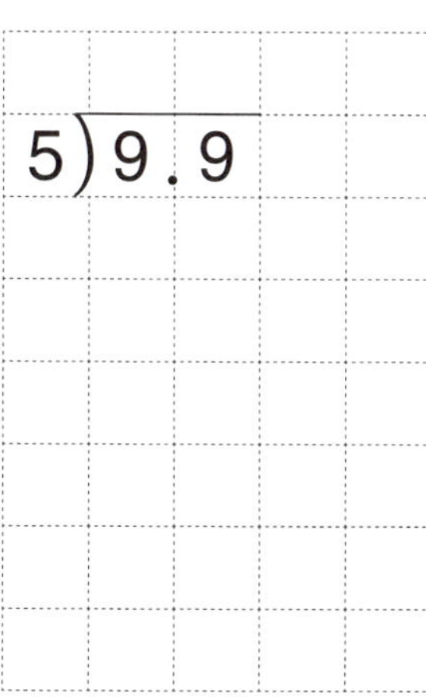

6

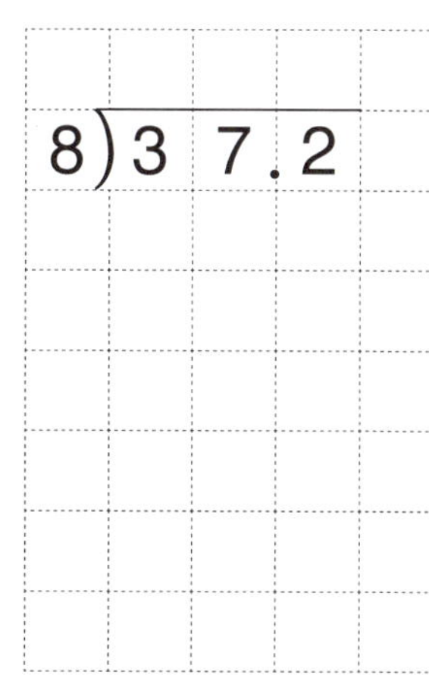

9

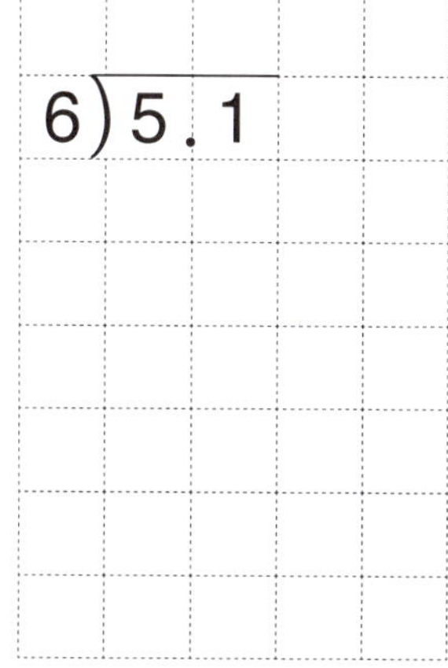

1 당근 한 개와 가지 한 개 중 어느 것이 더 무겁다고 할 수 있는지 무게의 평균을 구하여 비교해 보세요.

당근 한 개 무게의 평균:
가지 한 개 무게의 평균:

답 ______________

2 싱싱마트의 사과 한 개와 월드마트의 사과 한 개 중 어느 것이 더 무겁다고 할 수 있는지 무게의 평균을 구하여 비교해 보세요.

답 ______________

3 무게가 0.2 kg인 바구니에 참외와 복숭아를 각각 담아 무게를 재었습니다. 참외 한 개와 복숭아 한 개 중 어느 것이 더 무거운지 구해 보세요. (단, 참외의 무게는 모두 같으며, 복숭아의 무게도 모두 같습니다.)

답 ______________

나머지가 0이 될 때까지 계산해 보세요.

1

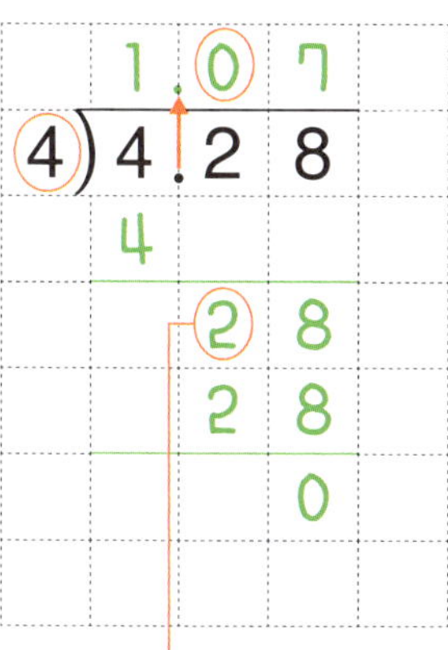

4

$$5) 5.3\,5$$

7

$$3) 6.2\,4$$

2

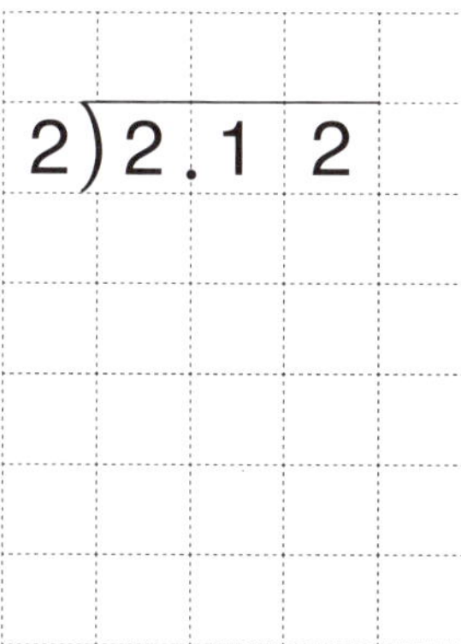

5

$$6) 3\,6.1\,8$$

8

$$7) 7.2\,8$$

3

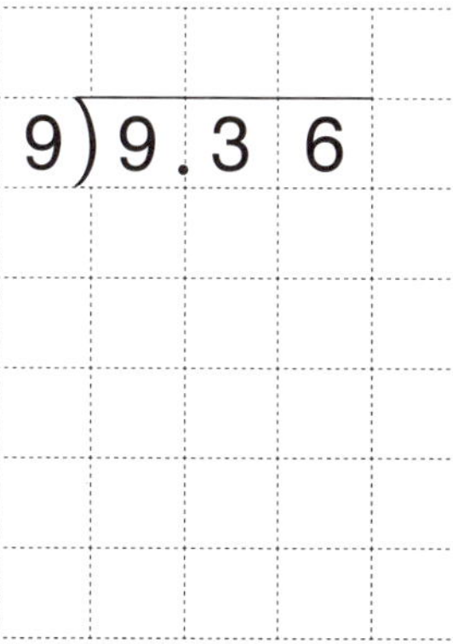

6

$$4) 8.2$$

9

$$5) 1\,5.3$$

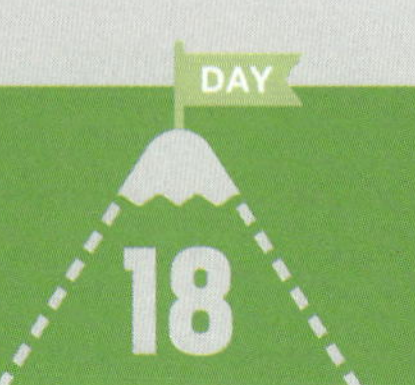

계산이 잘못된 곳을 찾아 이유를 쓰고, 바르게 계산해 보세요.

1

이유 → 　바른 계산

2

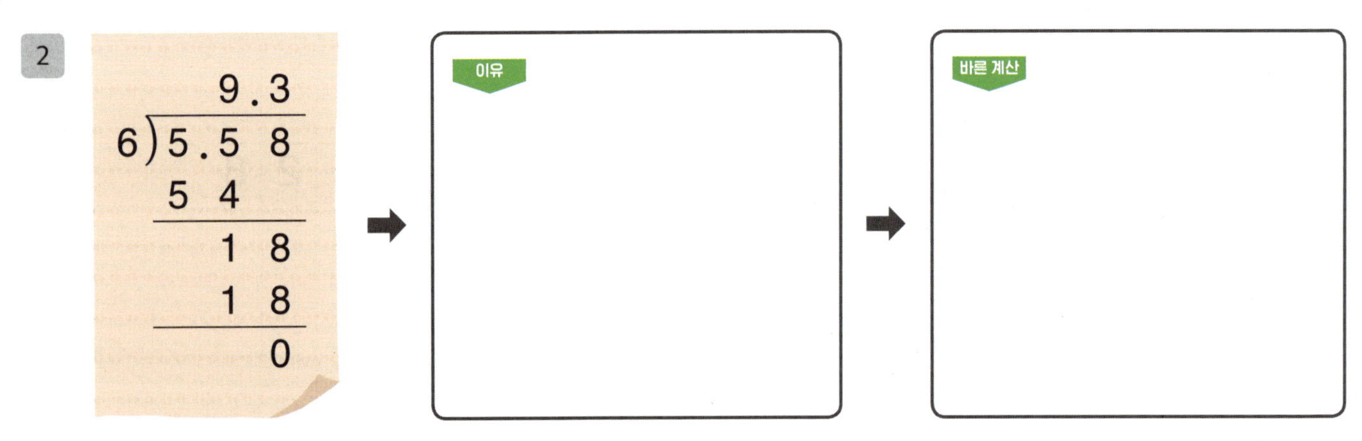

이유 → 　바른 계산

3

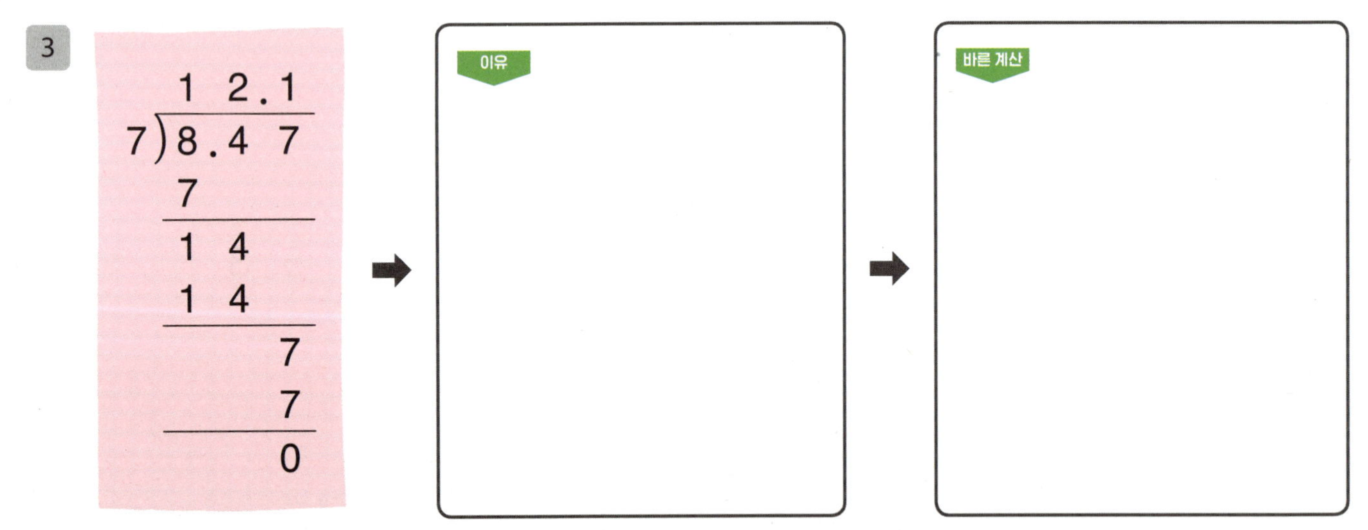

이유 → 　바른 계산

(자연수) ÷ (자연수) ①

나머지가 0이 될 때까지 계산해 보세요.

몫의 소수점은 자연수 바로 뒤에서 올려서 찍어.

1
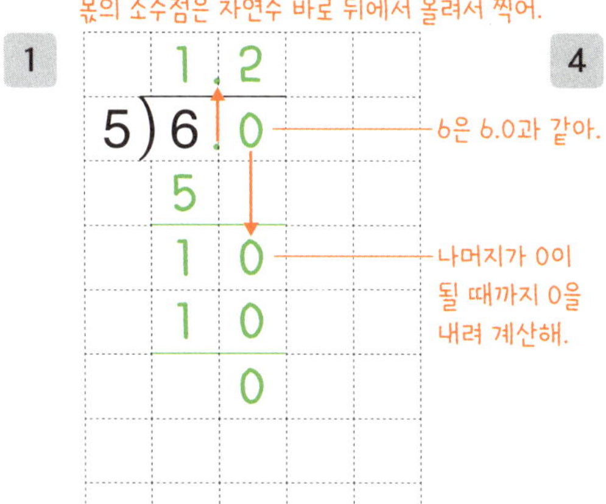

2
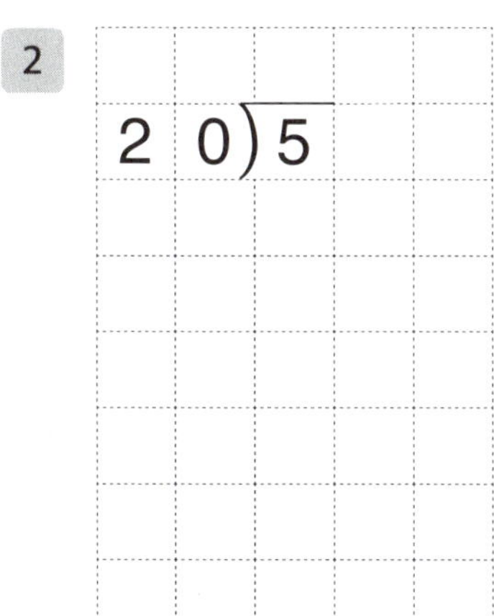

3
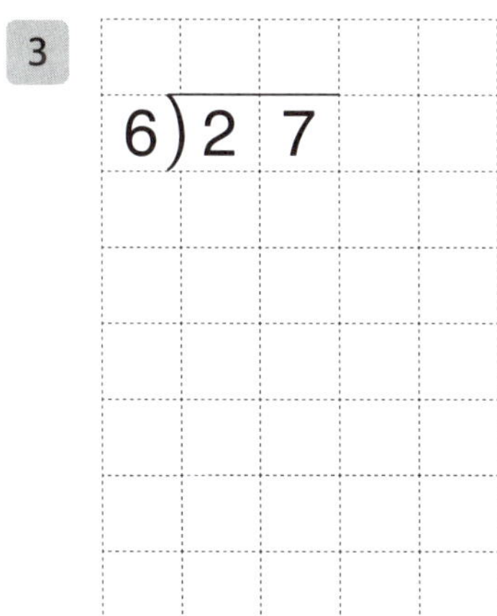

4

5
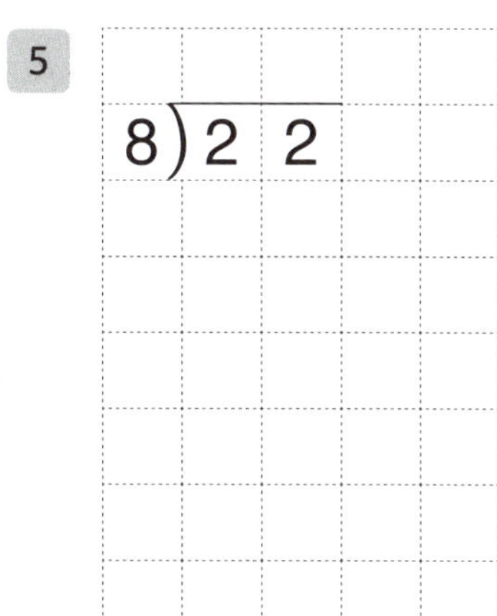

6

7

8
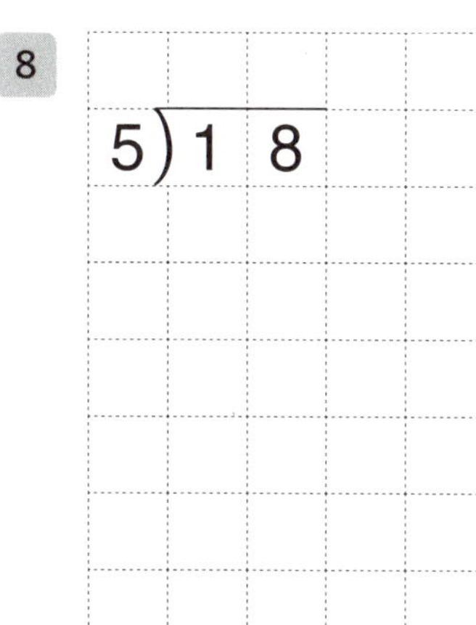

9

1 과자 상자 5개의 무게가 6 kg일 때 과자 상자 한 개의 무게의 평균은 몇 kg인가요?

상자 1개의 무게?

전체 무게를 상자 수(5)로 나눠.

답 ______________

2 매실액 2 L를 작은 병 4개에 남김없이 똑같이 나누어 담으려고 합니다. 매실액을 한 병에 몇 L씩 담으면 되나요?

병의 수(4)로 나눠.

답 ______________

3 쌀 14 kg을 8봉지에 남김없이 똑같이 나누어 담으려고 합니다. 한 봉지에 담아야 하는 쌀은 몇 kg인가요?

봉지 수(8)로 나눠.

답 ______________

4 한 봉지에 귤이 15개씩 4봉지 있습니다. 귤 전체의 무게가 9 kg일 때 귤 한 개의 무게의 평균은 몇 kg인가요?

귤의 수로 나눠야 하는데
귤은 모두 몇 개지?

① 귤의 수 구하기
② 전체 무게를 귤의 수로 나누기

답 ______________

나머지가 0이 될 때까지 계산해 보세요.

1 3÷4 세로셈으로 자리를 맞춰 계산해.

2 9÷6

3 8÷25

4 7÷2

5 12÷8

6 11÷4

7 16÷5

8 13÷2

9 67÷5

간격의 길이 구하기

1 길이가 **3 m**인 텃밭에 오이 모종 **5개**를 같은 간격으로 그림과 같이 심으려고 합니다.
모종과 모종 사이의 간격을 몇 m로 해야 하나요? (단, 모종의 굵기는 생각하지 않습니다.)

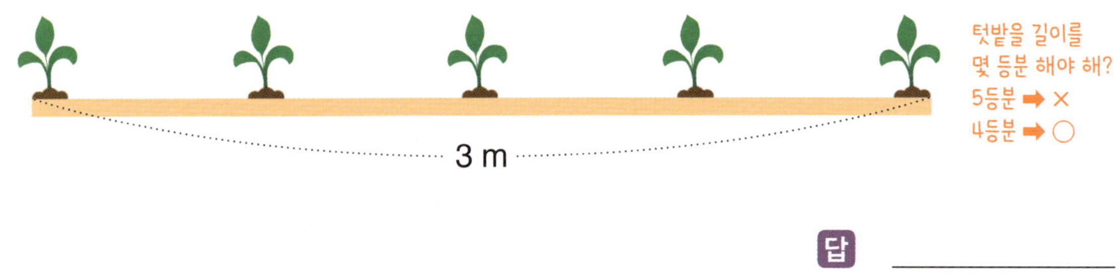

답 ____________________

2 길이가 **17 m**인 길에 나무 **6그루**를 같은 간격으로 그림과 같이 심으려고 합니다.
나무와 나무 사이의 간격을 몇 m로 해야 하나요? (단, 나무의 굵기는 생각하지 않습니다.)

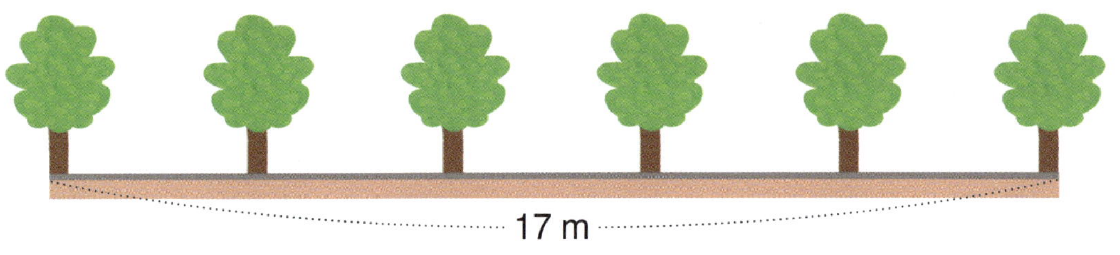

답 ____________________

3 길이가 **40 m**인 도로에 깃발 **17개**를 같은 간격으로 그림과 같이 세우려고 합니다.
깃발과 깃발 사이의 간격을 몇 m로 해야 하나요? (단, 깃발의 굵기는 생각하지 않습니다.)

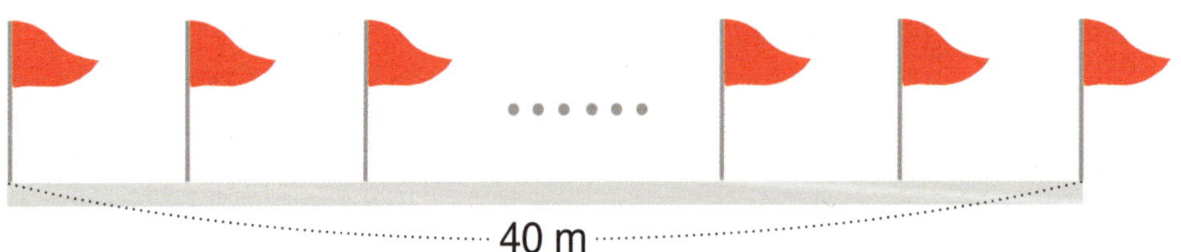

답 ____________________

나머지가 0이 될 때까지 계산해 보세요.

1

```
      2 1.4
  3 ) 6 4.2
      6
        4
        3
        1 2
        1 2
            0
```

4

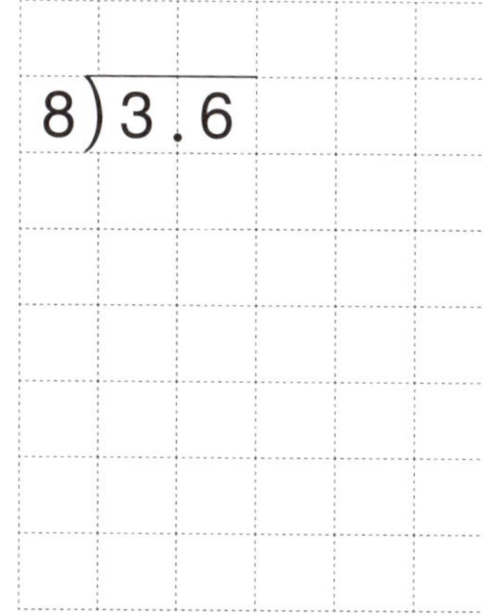

```
  6 ) 4.5 6
```

7

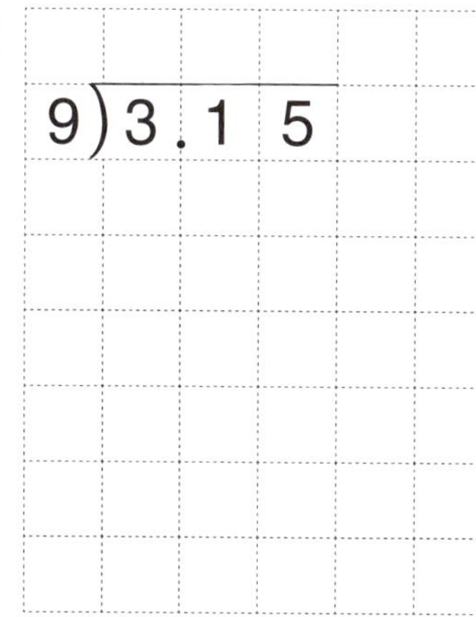

```
  8 ) 3.6
```

2

```
  2 ) 8.1 8
```

5

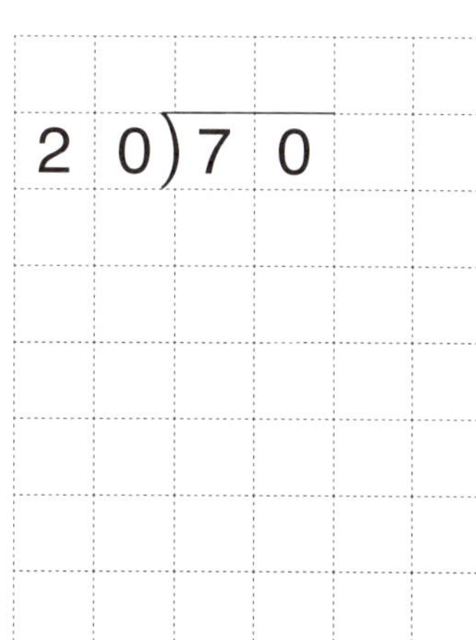

```
  2 0 ) 7 0
```

8

```
  9 ) 3.1 5
```

3

```
  5 ) 6 4
```

6

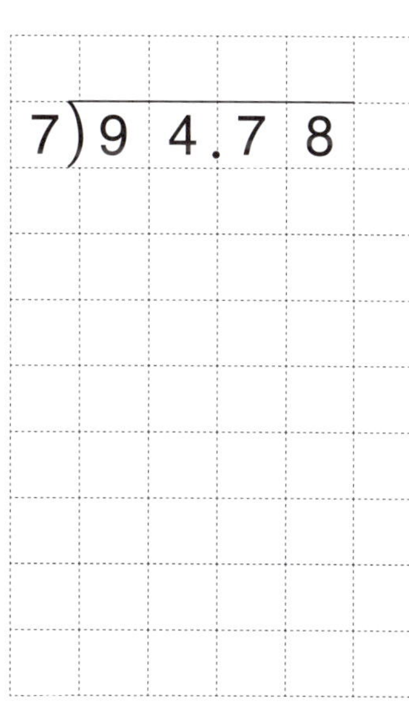

```
  7 ) 9 4.7 8
```

9

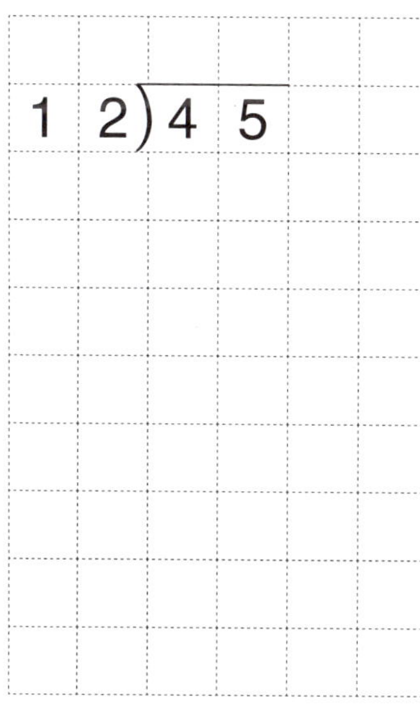

```
  1 2 ) 4 5
```

| 시간과 거리 구하기 |

1 어떤 자동차가 일정한 빠르기로 **13.2 km**를 달리는 데 **6분**이 걸렸습니다. 이 자동차가 1분 동안 달린 거리는 몇 km인가요?

→ 시간으로 나누는 거야.

(1분 동안 달린 거리)
=(전체 거리)÷(걸린 시간)

답 ______________

2 희민이는 자전거를 타고 일정한 빠르기로 **6.2 km** 떨어진 기념관까지 가는 데 **20분**이 걸렸습니다. 희민이가 자전거를 타고 1분 동안 달린 거리는 몇 km인가요?

답 ______________

3 소민이는 일정한 빠르기로 달려서 운동장을 4바퀴 도는 데 **6.6분**이 걸렸습니다. 소민이가 운동장을 한 바퀴 도는 데 걸린 시간은 몇 분일까요?

답 ______________

4 어떤 버스가 일정한 빠르기로 **15.3 km**를 달리는 데 **15분**이 걸렸습니다. 이 버스가 **4분** 동안 달린 거리는 몇 km인가요?

→ 먼저 1분 동안 달린 거리를 구해 봐.

답 ______________

DAY 22

소수의 나눗셈 종합②

연산 up

나머지가 0이 될 때까지 계산해 보세요.

1
$$\begin{array}{r} 9.28 \\ 6\overline{)55.68} \\ \underline{54} \\ 16 \\ \underline{12} \\ 48 \\ \underline{48} \\ 0 \end{array}$$

2 $2\overline{)3.38}$

3 $3\overline{)8.22}$

4 $3\overline{)12.51}$

5 $6\overline{)27.3}$

6 $5\overline{)35.4}$

7 $7\overline{)4.34}$

8 $5\overline{)6.9}$

9 $9\overline{)14.04}$

응용 UP 소수의 나눗셈 종합②

| 변 또는 모서리의 길이 구하기 |

1 둘레가 5.3 m인 정오각형이 있습니다. 이 정오각형의 한 변의 길이는 몇 m인가요?

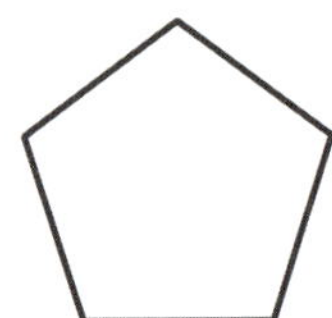

답 ___________

3 모든 모서리의 길이가 같은 삼각뿔이 있습니다. 이 삼각뿔의 모서리의 길이의 합이 3.42 m일 때 한 모서리의 길이는 몇 m인가요?

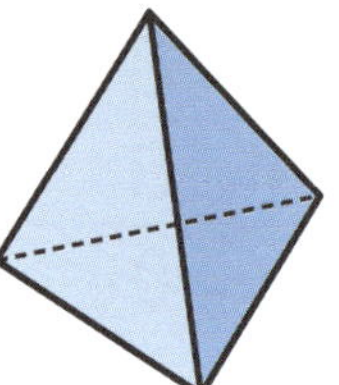

답 ___________

2 둘레가 36.32 m인 정팔각형이 있습니다. 이 정팔각형의 한 변의 길이는 몇 m인가요?

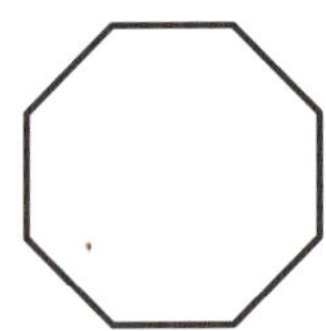

답 ___________

4 모든 모서리의 길이가 같은 사각기둥이 있습니다. 이 사각기둥의 모서리의 길이의 합이 8.64 m일 때 한 모서리의 길이는 몇 m인가요?

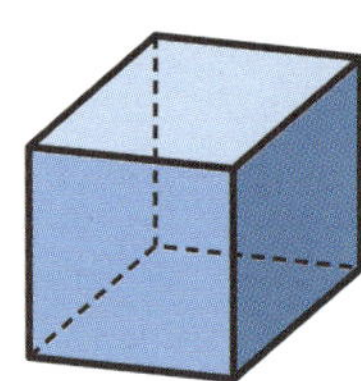

답 ___________

나머지가 0이 될 때까지 계산해 보세요.

1 13.6÷4 세로셈으로 자리를 맞춰 계산해.

$$
\begin{array}{r}
3.4 \\
4\,)\,\overline{13.6} \\
12 \\
\hline
16 \\
16 \\
\hline
0
\end{array}
$$

4 10.8÷6

7 5÷20

2 0.65÷5

5 6.23÷7

8 5.94÷9

3 10.8÷8

6 34.8÷3

9 12.48÷6

| 자동차 연비 구하기 |

---

1 윤상이네 자동차는 휘발유 25 L를 채우면 405 km를 갈 수 있다고 합니다. 이 자동차가 휘발유 1 L로 갈 수 있는 거리는 몇 km인가요?

답 _______________

---

2 자동차의 연비는 휘발유 1 L로 갈 수 있는 거리를 나타낸 것입니다. 다음 중 연비가 가장 높은 자동차는 어느 것인가요?

자동차	휘발유의 양 (L)	갈 수 있는 거리 (km)
(가) 자동차	8	96.4
(나) 자동차	6	79.62
(다) 자동차	5	55.2

답 _______________

DAY 24

소수의 나눗셈 종합④

연산 up

나머지가 0이 될 때까지 계산해 보세요.

1 $88.38 \div 9$

		9.	8	2	
9)	8	8.	3	8	
	8	1			
		7	3		
		7	2		
			1	8	
			1	8	
				0	

4 $6.23 \div 7$

7 $60 \div 8$

2 $53.52 \div 6$

5 $1.7 \div 2$

8 $0.3 \div 6$

3 $2.56 \div 4$

6 $40.2 \div 5$

9 $81 \div 25$

DAY
24

1분=60초
3분=(3×60)초
0.5분=(0.5×60)초
0.75분=(0.75×60)초

| 늦게(빨리) 가는 시간 구하기 |

1 일주일에 **17.5**분씩 늦어지는 시계가 있습니다. 이 시계는 하루에 몇 초씩 늦어지나요?

답 ____________________

2 4일에 **3**분씩 빨리 가는 시계가 있습니다. 이 시계는 하루에 몇 초씩 빨라지나요?

답 ____________________

3 5일에 **8**분씩 빨라지는 시계가 있습니다. 오늘 오전 **9**시에 시계를 정확히 맞추었다면 내일 오전 **9**시에 이 시계는 몇 시 몇 분 몇 초를 가리키고 있을까요?

답 ____________________

소수의 나눗셈 활용 ① 어떤 수 구하기

□ 안에 알맞은 수를 써넣으세요.

1 2.32 × 3 = 6.96

6.96 ÷ 3 = □

□ = 2.32

곱셈과 나눗셈의 관계를 이용해.
□ × 2 = 6 ⇔ 6 ÷ 2 = □

2 □ × 4 = 48.4

3 □ × 8 = 9.92

4 □ × 5 = 1.45

5 □ × 14 = 42.7

6 8 × □ = 21.76

7 5 × □ = 3.25

8 9 × □ = 5.58

9 2 × □ = 3.5

10 6 × □ = 12.3

1 어떤 수에 6을 곱했더니 **34.2**가 되었습니다. 어떤 수는 얼마인가요?

> (어떤 수) × 6 = 34.2
> □ × 6 = 34.2
> □ = ?

답 ____________________

2 어떤 수에 5를 곱했더니 **35.4**가 되었습니다. 어떤 수는 얼마인가요?

답 ____________________

3 어떤 수를 4로 나누어야 할 것을 잘못하여 곱했더니 **44**가 되었습니다. 바르게 계산하면 몫은 얼마인가요?

① (어떤 수) × 4 = 44에서 어떤 수 구하기
② 바르게 계산한 식 (어떤 수) ÷ 4의 몫은?

답 ____________________

4 어떤 수를 3으로 나누어야 할 것을 잘못하여 곱했더니 **9.72**가 되었습니다. 바르게 계산하면 몫은 얼마인가요?

답 ____________________

1 1부터 9까지의 자연수 중에서 ■에 알맞은 수는 모두 몇 개인가요?

$$58.72 \div 8 < \blacksquare$$

답 ____________________

3 1부터 9까지의 자연수 중에서 ■에 알맞은 수는 모두 몇 개인가요?

$$\blacksquare > 26 \div 4$$

답 ____________________

2 1부터 9까지의 자연수 중에서 ■에 알맞은 수는 모두 몇 개인가요?

$$21.4 \div 5 > \blacksquare$$

답 ____________________

4 1부터 9까지의 자연수 중에서 ■에 알맞은 수는 모두 몇 개인가요?

$$3.48 \div 6 < 0.\blacksquare 2$$

답 ____________________

| 수 카드로 식 만들기 |

1   4장의 수 카드 중 **2장**을 사용하여 몫이 가장 작은 나눗셈식을 만들고 계산해 보세요.

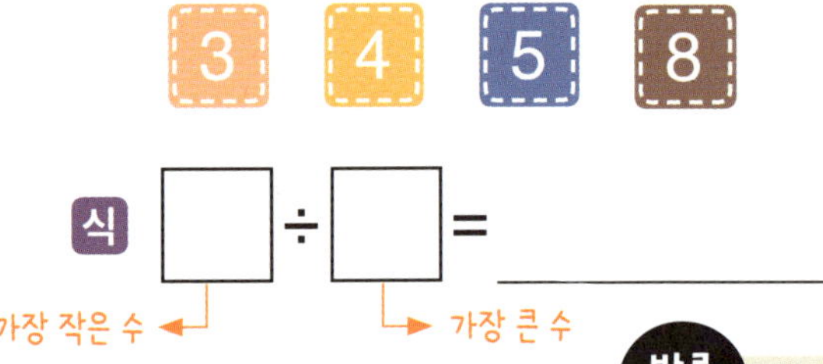

식   □ ÷ □ = __________

가장 작은 수 ←   → 가장 큰 수

2   4장의 수 카드 중 **2장**을 사용하여 몫이 가장 큰 나눗셈식을 만들고 계산해 보세요.

식   □ ÷ □ = __________

3   수 카드 4장을 모두 사용하여 (소수 두 자리 수)÷(자연수)의 몫이 가장 작게 되도록 나눗셈식을 만들고 계산해 보세요.

식   □ . □ □ ÷ □ = __________

1 자연수의 나눗셈을 이용하여 소수의 나눗셈을 계산해 보세요.

(1) $628 \div 2 = \boxed{}$

$62.8 \div 2 = \boxed{}$

(2) $400 \div 5 = \boxed{}$

$4 \div 5 = \boxed{}$

2 나머지가 0이 될 때까지 계산해 보세요.

(1) $4\overline{)6.8}$

(2) $5\overline{)3.4}$

(3) $8\overline{)23.6}$

(4) $4.86 \div 9$

(5) $8.72 \div 8$

(6) $49 \div 14$

3 계산 결과를 비교하여 ○ 안에 >, =, <를 알맞게 써넣으세요.

(1) $27.4 \div 4 \bigcirc 36.54 \div 6$

(2) $3.51 \div 3 \bigcirc 6.23 \div 7$

4 간장 25.26 L를 유리병 3개에 똑같이 나누어 담으려고 합니다. 유리병 한 개에 간장을 몇 L씩 담으면 되나요?

( )

5 모든 모서리의 길이가 같은 삼각기둥이 있습니다. 이 삼각기둥의 모서리의 길이의 합이 7.83 m일 때 한 모서리의 길이는 몇 m인가요?

( )

6 어떤 자동차가 일정한 빠르기로 80 km를 달리는 데 50분이 걸렸습니다. 이 자동차가 1분 동안 달린 거리는 몇 km인가요?

( )

7 길이가 9.3 cm인 선분 위에 7개의 점을 같은 간격으로 그림과 같이 찍으려고 합니다. 점과 점 사이의 거리는 몇 cm로 해야 하나요?

( )

8 어떤 수를 2로 나누어야 할 것을 잘못하여 곱했더니 7.4가 되었습니다. 바르게 계산하면 몫은 얼마인가요?

( )

04 비와 비율

학습 일차	학습 내용	날짜	맞은 개수	
			연산	응용
DAY 28	**비** 비교하는 양, 기준량	/	/10	/5
DAY 29	**비율 ①** 비율을 분수로 나타내기	/	/20	/2
DAY 30	**비율 ②** 비율을 소수로 나타내기	/	/20	/4
DAY 31	**백분율 ①** 분수를 백분율로 나타내기	/	/14	/9
DAY 32	**백분율 ②** 소수를 백분율로 나타내기	/	/14	/4
DAY 33	**백분율 ③** 백분율을 분수로 나타내기	/	/12	/9
DAY 34	**백분율 ④** 백분율을 소수로 나타내기	/	/13	/7
DAY 35	**백분율 활용 ①** 비율만큼 구하기	/	/14	/4
DAY 36	**백분율 활용 ②** 용액의 진하기	/	/6	/4
DAY 37	**백분율 활용 ③** 할인율 구하기	/	/6	/4
DAY 38	**마무리 확인**	/		/18

4. 비와 비율

▶ 비

3 : 5

(비교하는 양)　(기준량)

두 수를 나눗셈으로 비교하기 위해 기호 **:** 을 사용하여 나타낸 것을 **비**라고 합니다.

여러 가지 방법으로 읽어 봐.

3 : 5
- 3 대 5
- 3과 5의 비
- 3의 5에 대한 비
- 5에 대한 3의 비

▶ 비율

$$\frac{3}{5}$$ ➡ $(비율) = \dfrac{(비교하는 양)}{(기준량)}$

기준량에 대한 비교하는 양의 크기를 **비율**이라고 합니다.

비율은 기준량과 비교하는 양의 관계를 하나의 수로 나타낸 값이야. 하나의 수는 분수나 소수로 나타내기 때문에 계산할 수가 있어.

▶ 비를 비율로 나타내는 방법

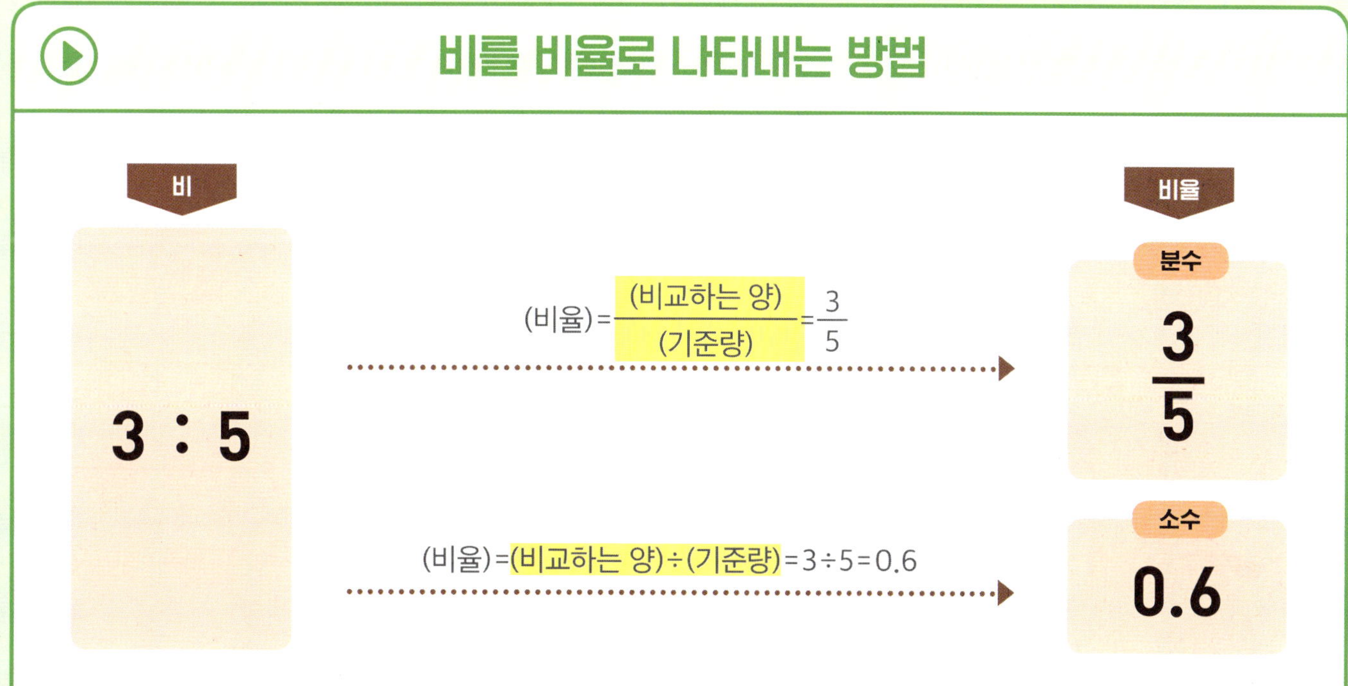

백분율

$$\frac{60}{100} \rightarrow 60\%$$

기준량을 100으로 할 때의 비율을 백분율이라고 합니다.
백분율은 기호 %를 사용하여 나타내고 퍼센트라고 읽습니다.

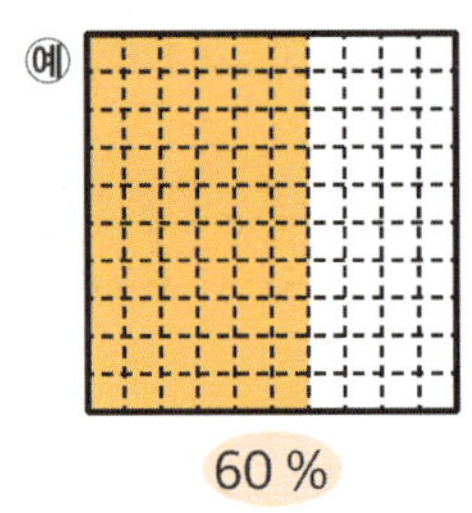

(예) 색칠한 부분은 전체의 60 % 이고, 60퍼센트라고 읽습니다. 100개 중 60개를 나타냅니다.

60 %

분수나 소수를 백분율로, 백분율을 분수나 소수로 바꾸는 방법

비율 (분수, 소수)

$$\frac{3}{5}$$

0.6

분수나 소수에 100을 곱한 다음 곱에 기호 %를 붙입니다.

$$\frac{3}{5} \times 100 = 60\,(\%)$$

$$0.6 \times 100 = 60\,(\%)$$

백분율에서 기호 %를 뺀 다음 100으로 나눕니다.

$$60 \div 100 = \frac{60}{100} \left(= \frac{3}{5}\right)$$

$$60 \div 100 = 0.6$$

백분율

60%

비율이 사용되는 경우

- $(인구\ 밀도) = \dfrac{(인구)}{(땅의\ 넓이)}$
- $(타율) = \dfrac{(안타\ 수)}{(전체\ 타수)}$
- $(할인율) = \dfrac{(할인\ 금액)}{(원래\ 가격)}$
- $(용액의\ 진하기) = \dfrac{(용질의\ 양)}{(용액의\ 양)}$

비를 기호 :을 사용하여 나타내고 비교하는 양과 기준량을
써 보세요.

		비	비교하는 양	기준량
1	1 대 5	1 : 5	1	5
2	4에 대한 10의 비			
3	13의 50에 대한 비			
4	8과 25의 비			
5	3의 7에 대한 비			
6	100에 대한 37의 비			
7	5와 4의 비			
8	16 대 11			
9	9의 22에 대한 비			
10	25에 대한 18의 비			

운동장에 서 있는 **1**반과 **2**반의 남학생 수와 여학생 수를 나타낸 표입니다. 물음에 답하세요.

반	남학생 수(명)	여학생 수(명)
1반	14	10
2반	11	13

1 1반 남학생 수와 여학생 수의 비를 써 보세요.

답 ____________________

2 1반 여학생 수와 남학생 수의 비를 써 보세요.

답 ____________________

3 2반 전체 학생 수에 대한 2반 여학생 수의 비를 써 보세요.

남학생 수와 여학생 수를 더해.

답 ____________________

4 2반 전체 학생 수에 대한 2반 남학생 수의 비를 써 보세요.

답 ____________________

5 운동장에 서 있는 전체 여학생 수와 전체 남학생 수의 비를 써 보세요.

답 ____________________

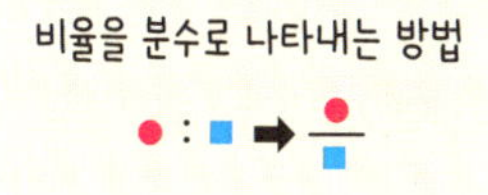

비율을 분수로 나타내어 보세요.

	비	비율(분수)
1	1 : 5	$\dfrac{1}{5}$
2	3 : 4	
3	10 : 5	
4	11 : 20	
5	14 : 25	
6	7 : 36	
7	8 대 24	
8	9 대 15	
9	5 대 2	
10	20 대 40	

	비	비율(분수)
11	5와 8의 비	
12	12와 17의 비	
13	2와 6의 비	
14	15와 10의 비	
15	5에 대한 4의 비	
16	25에 대한 21의 비	
17	10에 대한 7의 비	
18	8의 5에 대한 비	
19	9의 4에 대한 비	
20	19의 50에 대한 비	

▶ 직사각형 모양의 액자를 보고 물음에 답하세요.

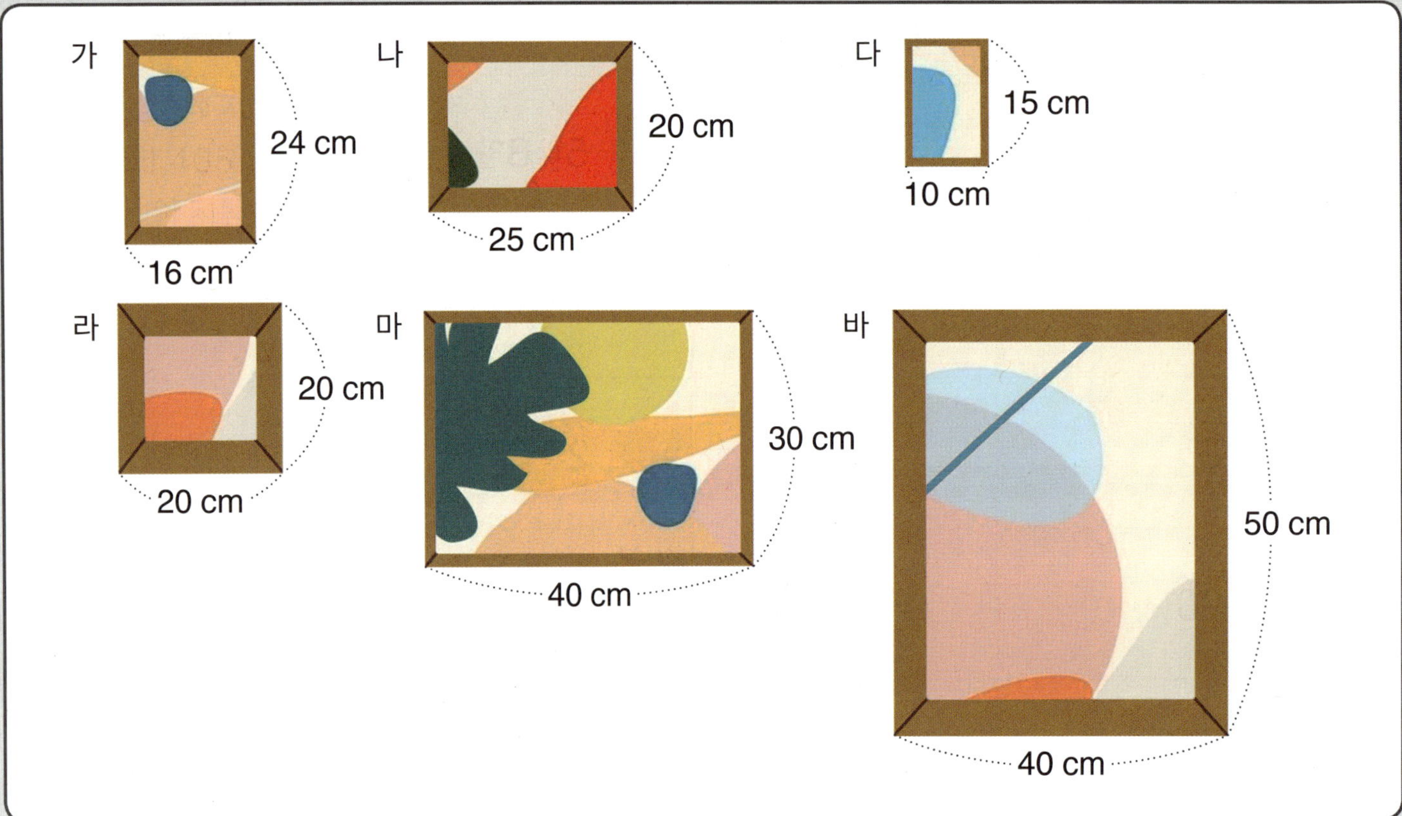

1 가로에 대한 세로의 비를 써 보세요.

↳ (세로) : (가로)

가 ___________   나 ___________   다 ___________

라 ___________   마 ___________   바 ___________

2 가로에 대한 세로의 비율을 분수로 나타냈을 때 비율이 서로 같은 액자를
찾아 기호를 써 보세요.

답 ___________

30 비율② 비율을 소수로 나타내기

방법1 분모가 10, 100, 1000인 분수로 나타내기
$3:4 \Rightarrow \dfrac{3}{4} = \dfrac{75}{100} = 0.75$

방법2 자연수의 나눗셈에서 몫 구하기
$3:4 \Rightarrow 3 \div 4 = 0.75$

비율을 소수로 나타내어 보세요.

비율을 소수로 나타내는 방법
● : ■ ➡ ● ÷ ■

	비	비율(소수)
1	3 : 4	0.75
2	1 : 2	
3	2 : 5	
4	7 : 10	
5	57 : 100	
6	275 : 1000	
7	1 대 8	
8	9 대 15	
9	5 대 2	
10	20 대 40	

	비	비율(소수)
11	4와 5의 비	
12	100과 20의 비	
13	17과 25의 비	
14	80과 100의 비	
15	200에 대한 6의 비	
16	5에 대한 15의 비	
17	10에 대한 7의 비	
18	8의 5에 대한 비	
19	11의 40에 대한 비	
20	61의 100에 대한 비	

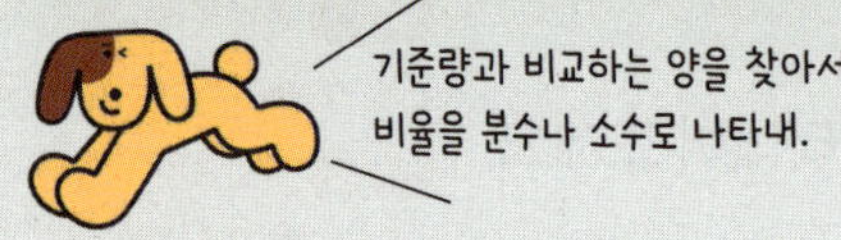

1 재현이는 200 m를 달리는 데 40초가 걸렸습니다. 재현이가 달리는 데 걸린 시간에 대한 달린 거리의 비율을 구해 보세요.

└→ 기준량   └→ 비교하는 양

답 _______________

2 실제 50000 cm인 거리를 지도에는 2 cm로 그렸습니다. 실제 거리에 대한 지도에서의 거리의 비율을 분수로 나타내어 보세요.

답 _______________

3 두 마을의 넓이와 인구를 나타낸 표입니다. 마을 넓이에 대한 인구의 비율이 더 높은 마을은 어느 마을인지 구해 보세요.

마을	넓이(km^2)	인구(명)
반달마을	30	4500
햇님마을	25	3000

답 _______________

4 백팀과 청팀이 야구 경기를 하였습니다. 전체 타수에 대한 안타 수의 비율이 더 높은 팀은 어느 팀인지 구해 보세요.

백팀: 100타수 중에서 안타를 24개 쳤습니다.
청팀: 80타수 중에서 안타를 16개 쳤습니다.

답 _______________

비율을 백분율로 나타내어 보세요.

1. $\dfrac{7}{10}$ ➡ $\dfrac{7}{10} \times 100 = 70\ (\%)$

2. $\dfrac{3}{10}$ ➡

3. $\dfrac{57}{100}$ ➡

4. $\dfrac{1}{2}$ ➡

5. $\dfrac{1}{4}$ ➡

6. $\dfrac{3}{4}$ ➡

7. $\dfrac{1}{5}$ ➡

8. $\dfrac{2}{5}$ ➡

9. $\dfrac{3}{5}$ ➡

10. $\dfrac{4}{5}$ ➡

11. $\dfrac{3}{8}$ ➡

12. $\dfrac{5}{8}$ ➡

13. $\dfrac{11}{20}$ ➡

14. $\dfrac{19}{25}$ ➡

DAY **31**

전체에 대한 색칠한 부분의 비율을 백분율로 나타내어 보세요.

1

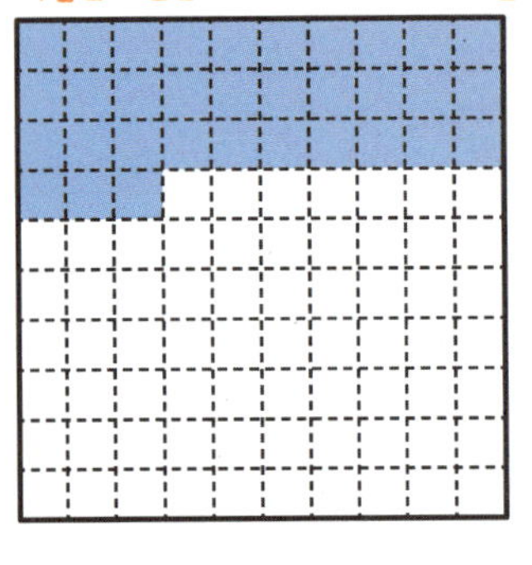
__________ %

4

__________ %

7

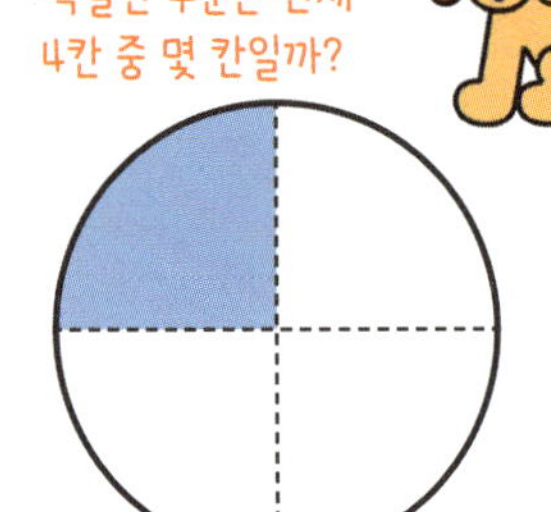
__________ %

2
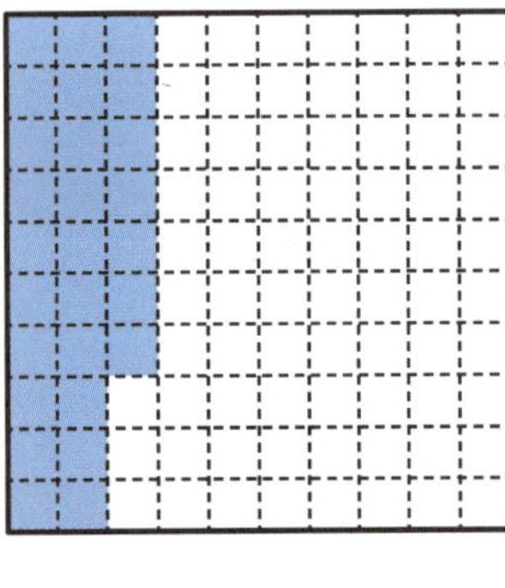
__________ %

5
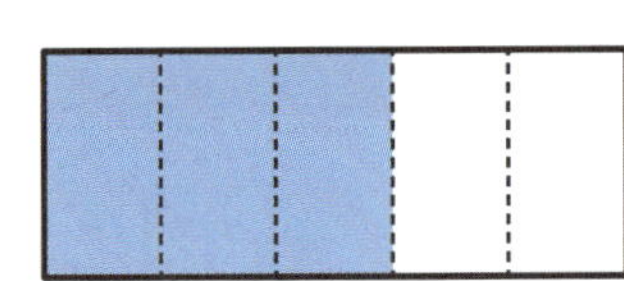
__________ %

8
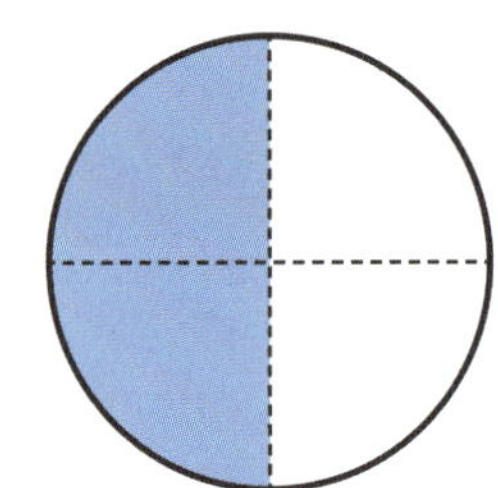
__________ %

3
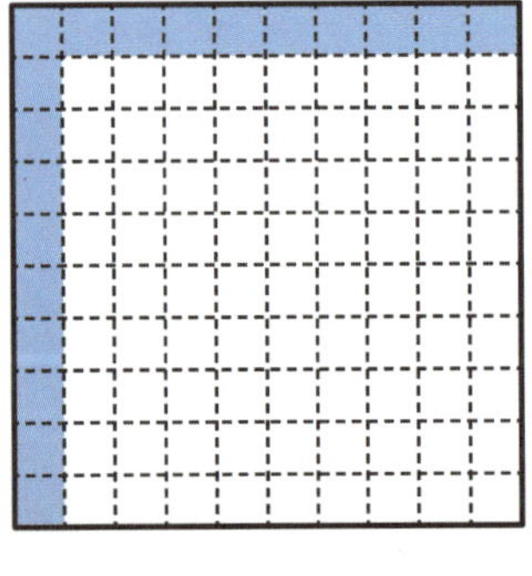
__________ %

6
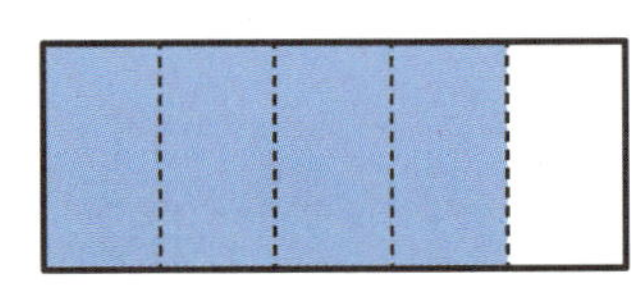
__________ %

9
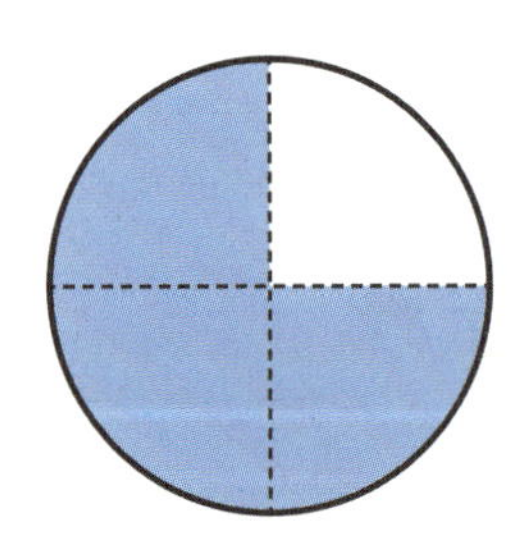
__________ %

비율을 백분율로 나타내어 보세요.

1 0.07 ➡ $0.07 \times 100 = 7\,(\%)$

2 0.09 ➡ __________

3 0.14 ➡ __________

4 0.36 ➡ __________

5 0.275 ➡ __________

6 0.875 ➡ __________

7 0.4 ➡ __________

8 0.7 ➡ __________

9 0.9 ➡ __________

10 1.4 ➡ __________

11 1.36 ➡ __________

12 2.75 ➡ __________

13 0.05 ➡ __________

14 0.025 ➡ __________

1 준오는 색종이를 전체의 $\frac{1}{4}$만큼 사용했습니다. 준오가 사용한 색종이는 전체의 몇 %인가요?

답 ___________

2 채영이네 과수원에는 사과나무가 전체의 **0.4**만큼 심어져 있습니다. 사과나무는 전체의 몇 %인가요?

답 ___________

3 다현이네 반 학생은 **20**명입니다. 이 중에서 안경을 쓴 학생은 **13**명입니다. 다현이네 반 학생 중 안경을 쓴 학생은 전체의 몇 %인가요?

답 ___________

4 동민이네 반 회장 선거에서 동민이는 **25**표 중 **12**표를 얻어 회장에 당선되었습니다. 동민이의 득표율은 몇 %인가요?

답 ___________

백분율을 분수로 나타내어 보세요.

1 40 % ➡ $\dfrac{40}{100}\left(=\dfrac{2}{5}\right)$

분모가 100인 분수 또는 기약분수로 나타내.

7 35 % ➡

2 70 % ➡

8 54 % ➡

3 50 % ➡

9 18 % ➡

4 10 % ➡

10 5 % ➡

5 25 % ➡

11 9 % ➡

6 75 % ➡

12 120 % ➡

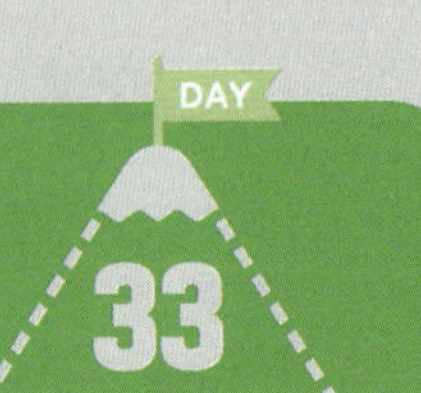

백분율만큼 색칠해 보세요.

1   25 %

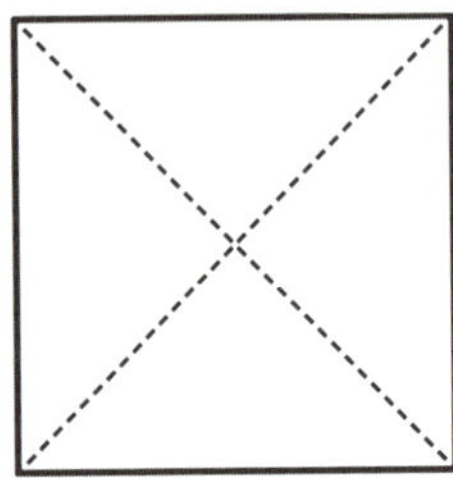

① 25 % ➡ $\frac{25}{100} = \frac{1}{4}$
② 전체를 4로 나눈 것 중 1만큼 색칠해.

4   60 %

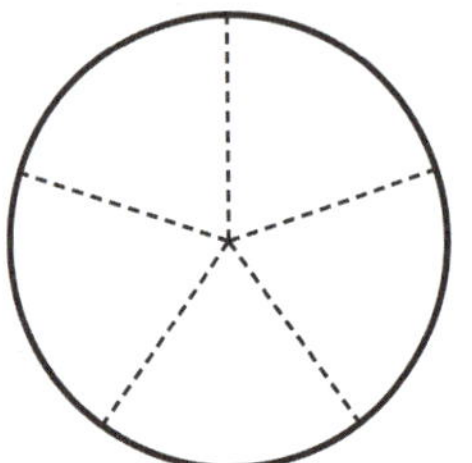

7   36 %

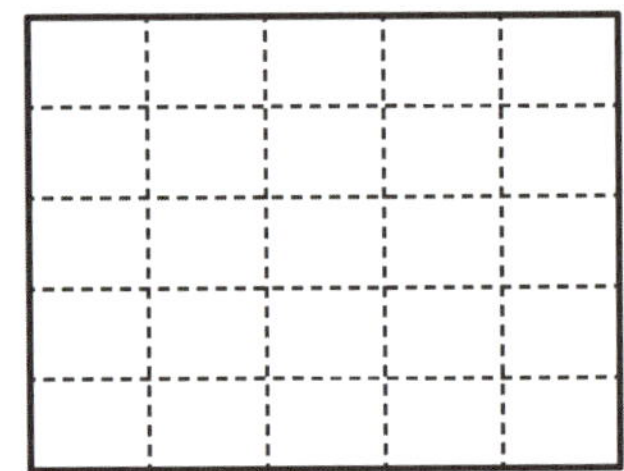

2   75 %

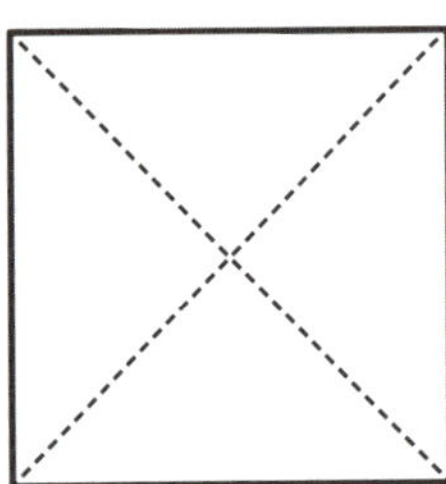

5   35 %

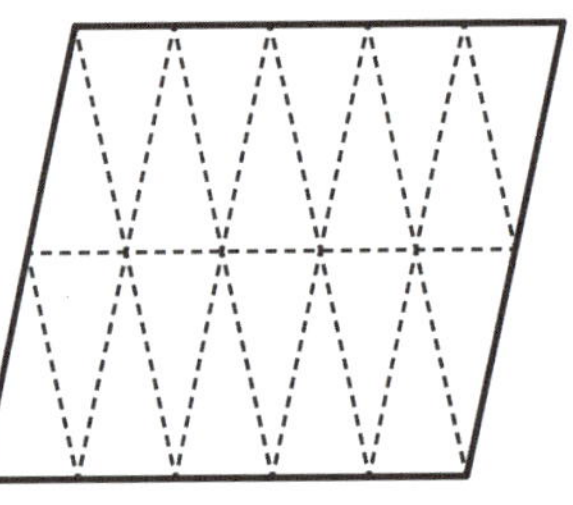

8   72 %

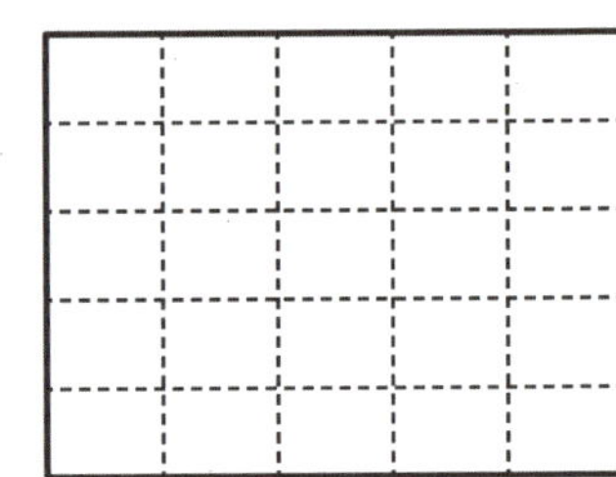

3   40 %

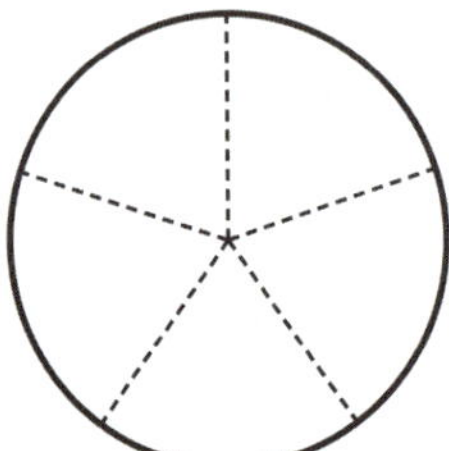

6   85 %

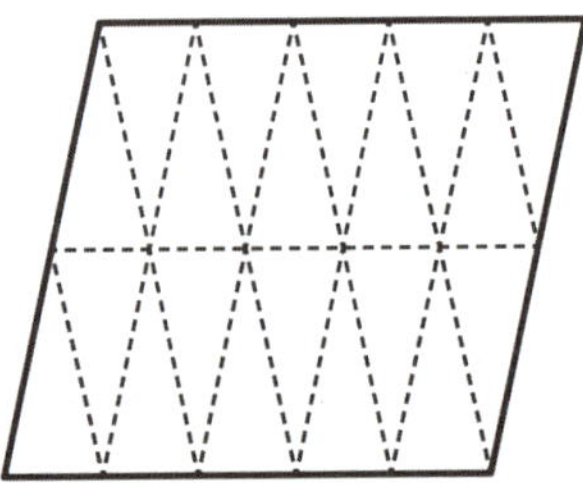

9   90 %

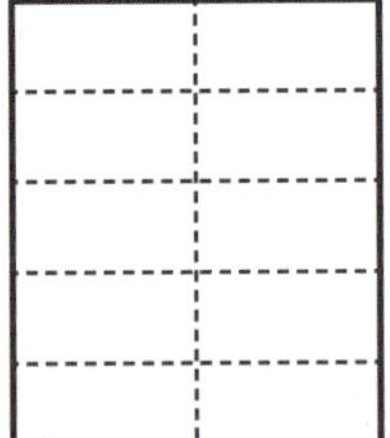

백분율을 소수로 나타내어 보세요.

1 23 % ➡ _____ 0.23 _____

2 77 % ➡ __________

3 89 % ➡ __________

4 10 % ➡ __________

5 30 % ➡ __________

6 80 % ➡ __________

7 99% ➡ __________

8 3 % ➡ __________

9 4 % ➡ __________

10 9 % ➡ __________

11 130 % ➡ __________

12 240 % ➡ __________

13 350 % ➡ __________

어느 공장에서 기계 A, B로 장난감을 만들었습니다. 다음 표는 만든 장난감 중에서 나온 불량품의 수를 나타낸 것입니다. 각 기계의 불량률이 몇 %인지 구하고, 불량률이 더 높은 기계는 어느 것인지 알아보세요.

	만든 장난감 수(개)	불량품 수(개)
기계 A	500	15
기계 B	200	8

1 기계 A의 불량률은 몇 %인가요?

답 ____________

2 기계 B의 불량률은 몇 %인가요?

답 ____________

3 불량률이 더 높은 기계는 어느 것인가요?

답 ____________

현장학습을 박물관으로 가는 것에 대해 학생들의 의견을 조사하였습니다. 각 반의 찬성률이 몇 %인지 구하고, 찬성률이 가장 높은 반은 어느 반인지 알아보세요.

	전체 학생 수(명)	찬성하는 학생 수(명)
수호네 반	15	12
유라네 반	20	15
준서네 반	25	18

4 수호네 반의 찬성률은 몇 %인가요?

답 ____________

5 유라네 반의 찬성률은 몇 %인가요?

답 ____________

6 준서네 반의 찬성률은 몇 %인가요?

답 ____________

7 찬성률이 가장 높은 반은 어느 반인가요?

답 ____________

백분율 활용 ① 비율만큼 구하기

주어진 수의 비율만큼이 얼마인지 구해 보세요.

1 120명의 $\dfrac{1}{6}$

➡ $120 \times \dfrac{1}{6} = 20$(명)

2 120명의 $\dfrac{1}{3}$

➡

3 120명의 $\dfrac{2}{3}$

➡

4 120명의 $\dfrac{5}{6}$

➡

8 40명의 5 %

① 백분율을 분수로 바꿔. 5% ➡ $\dfrac{5}{100}$
② 40명의 $\dfrac{5}{100}$ ➡ $40 \times \dfrac{5}{100}$

➡

9 40명의 25 %

➡

10 40명의 50 %

➡

11 40명의 75 %

➡

5 100 g의 0.2

➡ $100 \times 0.2 = 20$ (g)

6 100 g의 0.48

➡

7 100 g의 0.6

➡

12 1000원의 7 %

① 백분율을 소수로 바꿔. 7% ➡ 0.07
② 1000원의 0.07 ➡ 1000×0.07

➡

13 1000원의 60 %

➡

14 1000원의 80 %

➡

1 가희네 반 학생 **32**명 중에서 **25 %**가 아파트에 산다고 합니다. 가희네 반 학생 중 아파트에 사는 학생은 몇 명인가요?

답 

2 길이가 **100 cm**인 리본이 있습니다. 이 리본의 **80 %**를 사용하였다면 사용한 리본의 길이는 몇 **cm**인가요?

답

3 한 봉지에 설탕이 **800 g** 들어 있습니다. 이 설탕의 **60 %**를 빵을 만드는 데 사용했습니다. 빵을 만드는 데 사용한 설탕의 양은 몇 **g**인가요?

답

4 물건값의 **2 %**를 적립해 주는 가게가 있습니다. 이 가게에서 **1000**원짜리 물건을 사면 얼마를 적립 받을 수 있나요?

답 

백분율 활용 ② 용액의 진하기

용매(물)에 용질(소금)을 녹여 용액(소금물)을 만들 때
용액의 양에 대한 용질의 양의 비율을 용액의 진하기라고 합니다.
용액의 진하기를 %로 나타내어 보세요.

$$(\text{용액의 진하기}) = \frac{(\text{용질의 양})}{(\text{용액의 양})}$$

$$\Rightarrow (\text{소금물의 진하기}) = \frac{(\text{소금의 양})}{(\text{소금물의 양})}$$

1

물의 양 : 140 g

소금의 양 : 60 g

소금물의 양 : ___200___ g

소금물의 진하기 :

$$\Rightarrow \frac{60}{200} \times 100 = 30(\%)$$

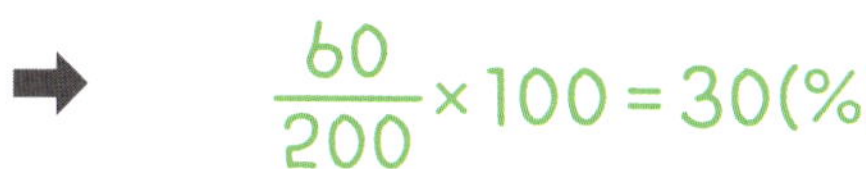

4

물의 양 : 120 g

설탕의 양 : 80 g

설탕물의 양 : _________ g

설탕물의 진하기 :

$$\Rightarrow$$

2

물의 양 : 200 g

매실원액의 양 : 50 g

매실주스의 양 : _________ g

매실주스의 진하기 :

$$\Rightarrow$$

5

물의 양 : 180 g

포도원액의 양 : 70 g

포도주스의 양 : _________ g

포도주스의 진하기 :

$$\Rightarrow$$

3

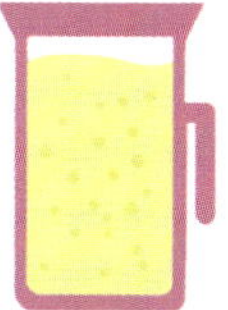

물의 양 : 320 g

레몬원액의 양 : 80 g

레몬주스의 양 : _________ g

레몬주스의 진하기 :

$$\Rightarrow$$

6

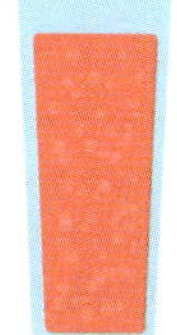

물의 양 : 280 g

석류원액의 양 : 120 g

석류주스의 양 : _________ g

석류주스의 진하기 :

$$\Rightarrow$$

1 지원이는 물에 소금 **40 g**을 녹여 소금물 **800 g**을 만들었습니다. 소금물의 양에 대한 소금의 양의 비율은 몇 %인가요?

답 ____________

2 대현이는 물에 오미자원액 **150 mL**를 녹여 오미자주스 **500 mL**를 만들었습니다. 오미자주스의 진하기는 몇 %인가요?

답 ____________

3 우호는 물 **120 g**에 오렌지원액 **30 g**을 녹여 오렌지주스를 만들었습니다. 오렌지주스의 진하기는 몇 %인가요?

답 ____________

4 이슬이는 물 **130 g**에 설탕 **70 g**을 녹여 설탕물을 만들었고, 준욱이는 물 **90 g**에 설탕 **30 g**을 녹여 설탕물을 만들었습니다. 더 진한 설탕물을 만든 사람은 누구인가요?

답 ____________

백분율 활용 ③ 할인율 구하기

원래 가격에 대한 할인 금액의 비율을 할인율이라고 합니다.
다음 물건의 할인율은 몇 %인지 구해 보세요.

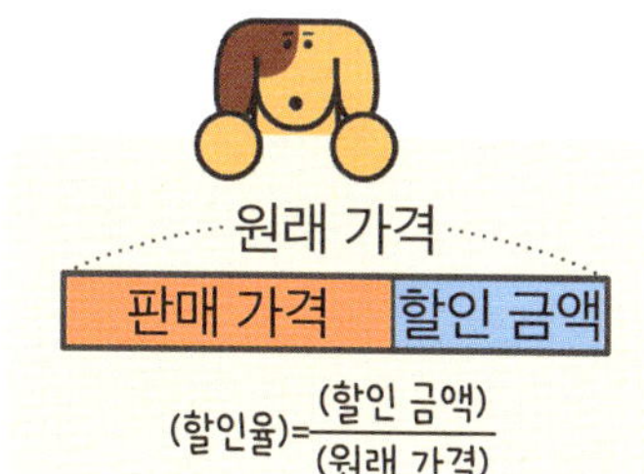

$$(\text{할인율}) = \frac{(\text{할인 금액})}{(\text{원래 가격})}$$

1
원래 가격: 10000원
판매 가격: 8000원
할인 금액: __2000__ 원

할인율 :

➡ $\dfrac{2000}{10000} \times 100 = 20 \,(\%)$

4
원래 가격: 3200원
판매 가격: 2400원
할인 금액: ________ 원

할인율:

➡ ________________

2
원래 가격: 3000원
판매 가격: 2550원
할인 금액: ________ 원

할인율:

➡ ________________

5
원래 가격: 2500원
판매 가격: 2300원
할인 금액: ________ 원

할인율:

➡ ________________

3
원래 가격: 1500원
판매 가격: 900원
할인 금액: ________ 원

할인율:

➡ ________________

6
원래 가격: 4000원
판매 가격: 2000원
할인 금액: ________ 원

할인율:

➡ ________________

---

1 서점에서 원래 가격이 **24000**원인 과학책을 할인하여 **18000**원에 팔고 있습니다. 과학책의 할인율은 몇 %인가요?

(할인 금액) = 24000 - 18000 = 6000(원)

$$(\text{할인율}) = \frac{(\text{할인 금액})}{(\text{원래 가격})}$$

답 ____________

---

2 문구점에서 원래 가격이 **800**원인 지우개를 할인하여 **680**원에 팔고 있습니다. 지우개의 할인율은 몇 %인가요?

원래 가격에 대한 판매 가격의 비율이 아니야!

답 ____________

---

3 가게에서 원래 가격이 **2500**원인 아이스크림을 할인하여 **1500**원에 팔고 있습니다. 아이스크림의 할인율은 몇 %인가요?

답 ____________

---

4 시장에서 **1000**원짜리 사과는 **800**원에, **2000**원짜리 복숭아는 **1500**원에 팔고 있습니다. 사과와 복숭아 중 할인율이 더 높은 과일은 어느 것인가요?

답 ____________

마무리 확인

1 비율을 분수와 소수로 각각 나타내어 보세요.

비	비율	
	분수	소수
(1) 13 : 20		
(2) 3 : 5		
(3) 7과 25의 비		
(4) 12의 16에 대한 비		

2 비율을 백분율로 나타내어 보세요.

(1) 0.27 ➡ (   )　　(2) 0.08 ➡ (   )

(3) $\dfrac{9}{10}$ ➡ (   )　　(4) $\dfrac{41}{100}$ ➡ (   )

3 백분율을 분수나 소수로 나타내어 보세요.

(1) 3 % ➡ ◻◻　　(2) 17 % ➡ ◻◻

(3) 6 % ➡ ◻　　(4) 51 % ➡ ◻

4 승연이는 줄넘기를 어제는 **250**개 넘었고, 오늘은 어제보다 **25**개 더 적게 넘었습니다. 오늘 넘은 줄넘기 수에 대한 어제 넘은 줄넘기 수의 비를 구해 보세요.

(   )

5 어느 공장에서 휴대폰에 들어가는 부품을 **500**개 만들면 불량품이 **30**개 나온다고 합니다. 만든 부품 수에 대한 불량품 수의 비율은 몇 %인가요?

(   )

6 수정이네 동네 주민 **180**명 중에서 **20** %가 학생이라고 합니다. 수정이네 동네 주민 중 학생은 몇 명인가요?

(   )

7 동우는 물 **180** g에 소금 **60** g을 녹여 소금물을 만들었고, 은주는 물 **210** g에 소금 **90** g을 녹여 소금물을 만들었습니다. 물음에 답하세요.

(1) 동우가 만든 소금물의 진하기는 몇 %인가요?

(   )

(2) 은주가 만든 소금물의 진하기는 몇 %인가요?

(   )

(3) 더 진한 소금물을 만든 사람은 누구인가요?

(   )

05 여러 가지 그래프

· **학습계열표** ·

이전에 배운 내용

4-2 꺾은선그래프
• 꺾은선그래프 알아보기
• 꺾은선그래프로 나타내기

6-1 비와 비율
• 비율
• 백분율
• 비율을 백분율로 나타내기

지금 배울 내용

6-1 여러 가지 그래프
• 띠그래프 알아보기
• 띠그래프로 나타내기
• 원그래프 알아보기
• 원그래프로 나타내기

· 학습기록표 ·

학습 일차	학습 내용	날짜	맞은 개수	
			연산	응용
DAY 39	띠그래프	/	/4	/3
DAY 40	원그래프	/	/3	/3
DAY 41	마무리 확인	/		/9

5. 여러 가지 그래프

띠그래프

전체에 대한 각 부분의 비율을 띠 모양에 나타낸 그래프를 **띠그래프**라고 합니다.

좋아하는 과일별 학생 수

0 10 20 30 40 50 60 70 80 90 100 (%)

| 귤
(15 %) | 딸기
(30 %) | 사과
(35 %) | 포도
(20 %) |

띠그래프 그리는 방법

1. 자료를 보고 항목별 백분율 구하기

좋아하는 계절별 학생 수

계절	봄	여름	가을	겨울	합계
학생 수(명)	8	14	6	12	40
백분율(%)	20	35	15	30	100

봄: $\dfrac{8}{40} \times 100 = 20\,(\%)$

여름: $\dfrac{14}{40} \times 100 = 35\,(\%)$

가을: $\dfrac{6}{40} \times 100 = 15\,(\%)$

겨울: $\dfrac{12}{40} \times 100 = 30\,(\%)$

2. 백분율의 합계가 100 %인지 확인하기

(백분율의 합계) $= 20 + 35 + 15 + 30 = 100\,(\%)$

3. 백분율의 크기만큼 띠를 나누어 그리기

좋아하는 계절별 학생 수

0 10 20 30 40 50 60 70 80 90 100 (%)

| 봄
(20 %) | 여름
(35 %) | 가을
(15 %) | 겨울
(30 %) |

전체에 대한 각 부분의 비율을 원 모양에 나타낸 그래프를 원그래프라고 합니다.

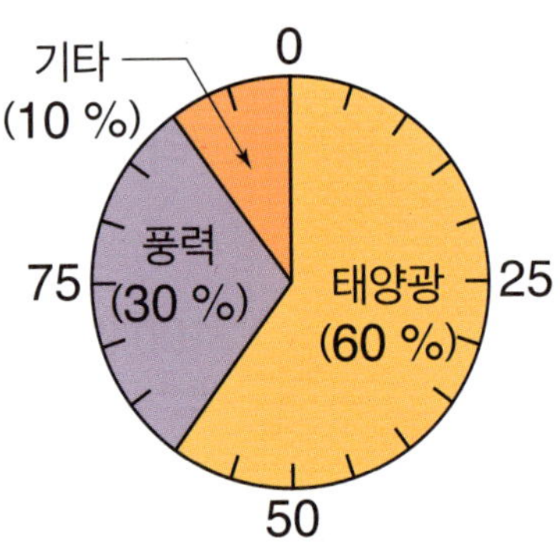

- 재생에너지 발전량 중 가장 많이 차지하는 것은 태양광입니다.
- 재생에너지 발전량은 태양광이 풍력의 2배입니다.

▶ 원그래프 그리는 방법

좋아하는 급식 메뉴별 학생 수

급식 메뉴	불고기	볶음밥	닭튀김	기타	합계
학생 수(명)	18	15	12	15	60
백분율(%)	30	25	20	25	100

불고기: $\dfrac{18}{60} \times 100 = 30 \, (\%)$

볶음밥: $\dfrac{15}{60} \times 100 = 25 \, (\%)$

닭튀김: $\dfrac{12}{60} \times 100 = 20 \, (\%)$

기타: $\dfrac{15}{60} \times 100 = 25 \, (\%)$

1. 자료를 보고 항목별 백분율 구하기

2. 백분율의 합계가 **100 %**인지 확인하기

(백분율의 합계) $= 30 + 25 + 20 + 25 = 100 \, (\%)$

3. 백분율의 크기만큼 원을 나누어 그리기

좋아하는 급식 메뉴별 학생 수

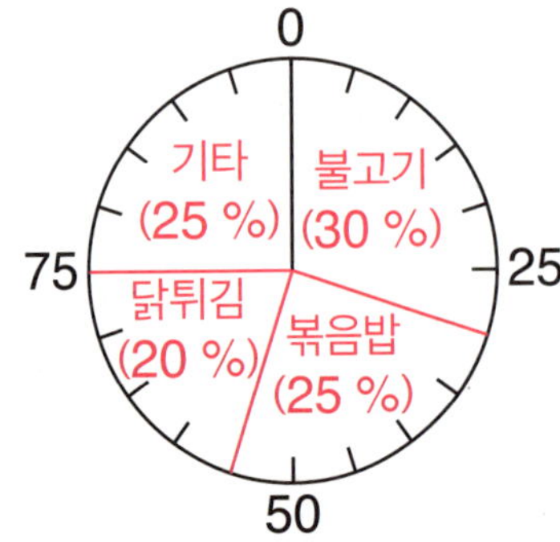

띠그래프

항목별 백분율을 구하여 표를 완성하고, 띠그래프로 나타내어 보세요.

1 좋아하는 운동별 학생 수

운동	축구	농구	피구	수영	합계
학생 수(명)	7	6	4	3	20
백분율(%)	35				

$$\frac{7}{20} \times 100 = 35 \,(\%)$$

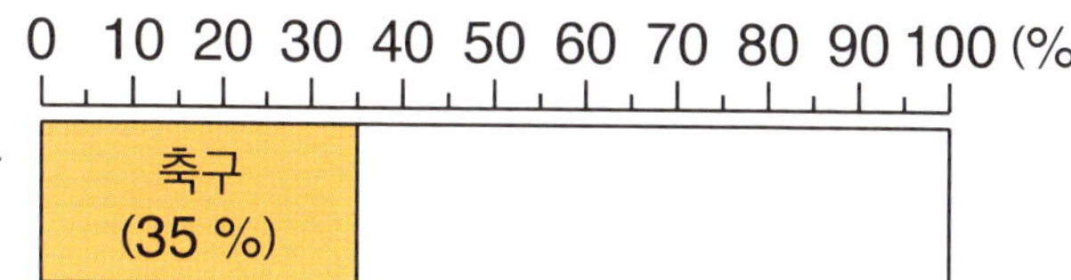

2 좋아하는 계절별 학생 수

계절	봄	여름	가을	겨울	합계
학생 수(명)	9	12	3	6	30
백분율(%)					

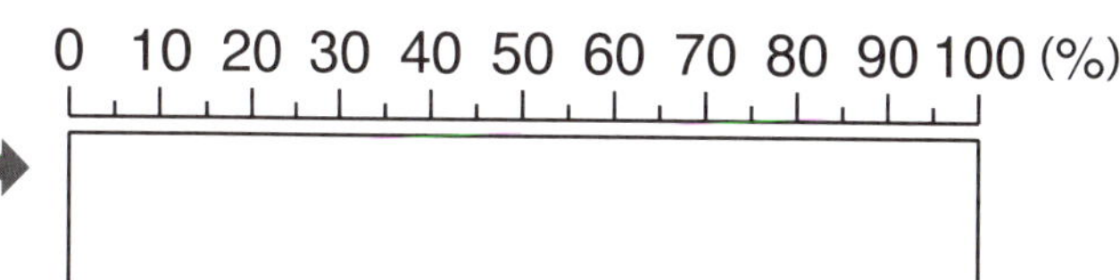

3 가고 싶은 장소별 학생 수

장소	놀이공원	농촌체험	과학관	기타	합계
학생 수(명)	100	50	75	25	250
백분율(%)					

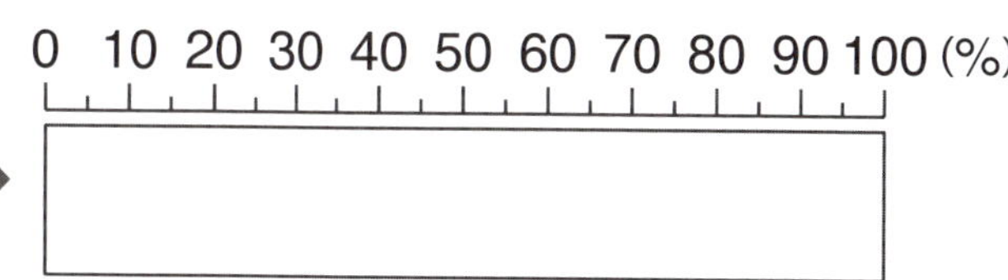

4 일주일 용돈의 쓰임새별 금액

용돈의 쓰임새	저금	교통비	간식비	합계
금액(원)	1200	2000	4800	8000
백분율(%)				

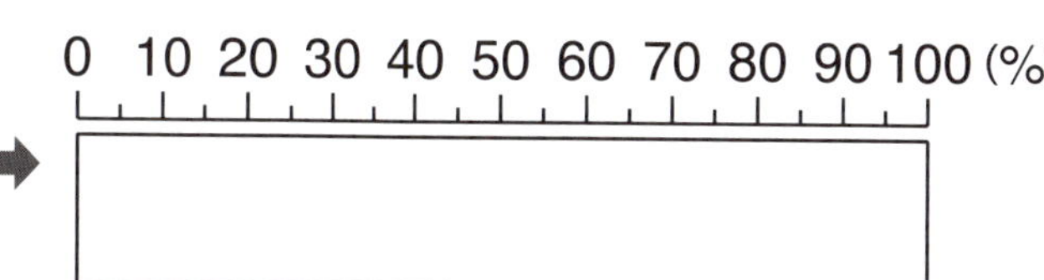

| 항목의 수량 구하기 |

1 길벗학교 학생 **300**명과 산들학교 학생 **500**명이 쉬는 날 하고 싶은 활동을 조사하여 나타낸 띠그래프입니다. 운동을 하고 싶은 학생 수가 더 많은 학교는 어디이고, 몇 명 더 많은지 구해 보세요.

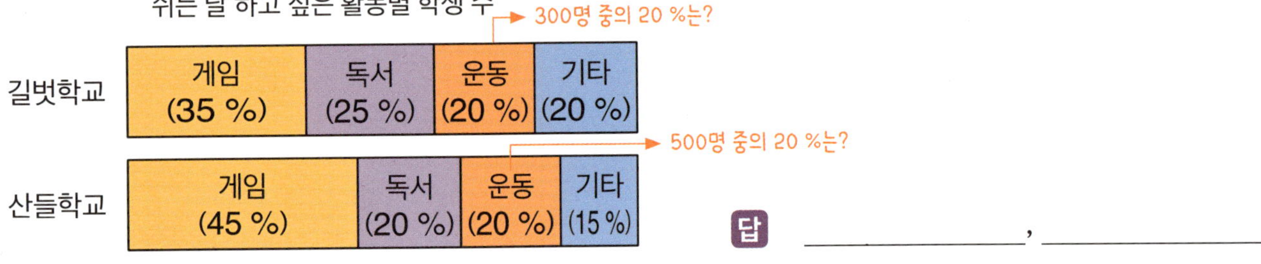

답 ______________ , ______________

2 국산차 수출량이 **2019**년보다 증가한 회사는 어디이고, 이 회사의 **2020**년도 수출량은 약 몇 만대인가요? (단, **2020**년 전체 수출량은 약 **140**만 대입니다.)

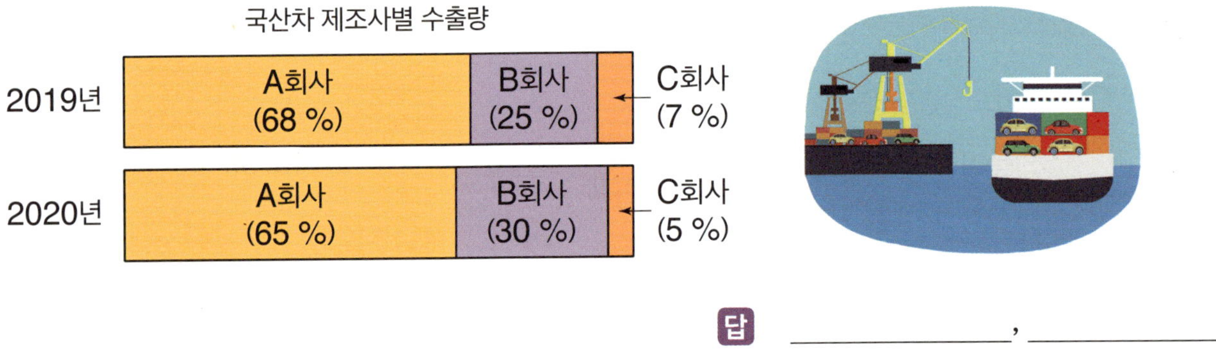

답 ______________ , ______________

3 어느 음식에 들어 있는 영양성분을 나타낸 띠그래프입니다. 지방이 **30 g**일 때 단백질은 몇 **g** 들어 있나요?

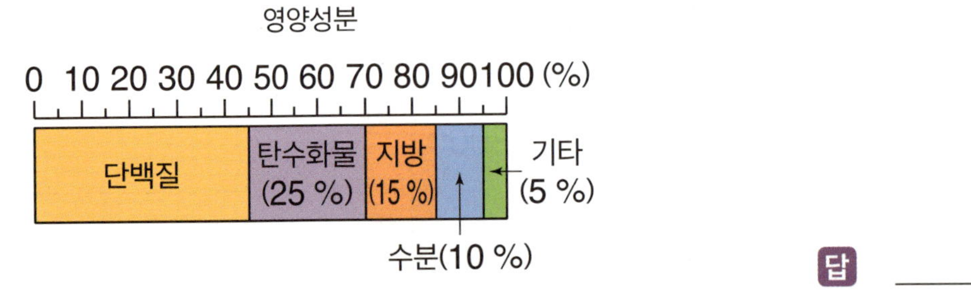

답 ______________

원그래프

항목별 백분율을 구하여 표를 완성하고, 원그래프로 나타내어 보세요.

1

주거 형태별 학생 수

주거 형태	단독주택	아파트	다세대주택	기타	합계
학생 수(명)	144	108	72	36	360
백분율(%)	40				

$$\frac{144}{360} \times 100 = 40 \,(\%)$$

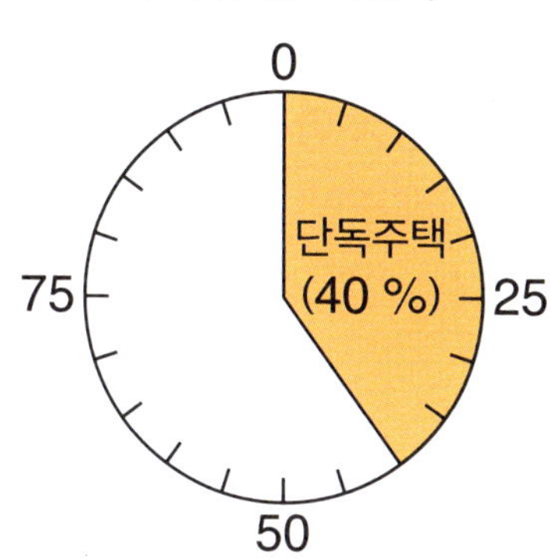

2

좋아하는 간식별 학생 수

간식	떡볶이	피자	빵	기타	합계
학생 수(명)	7	6	3	4	20
백분율(%)					

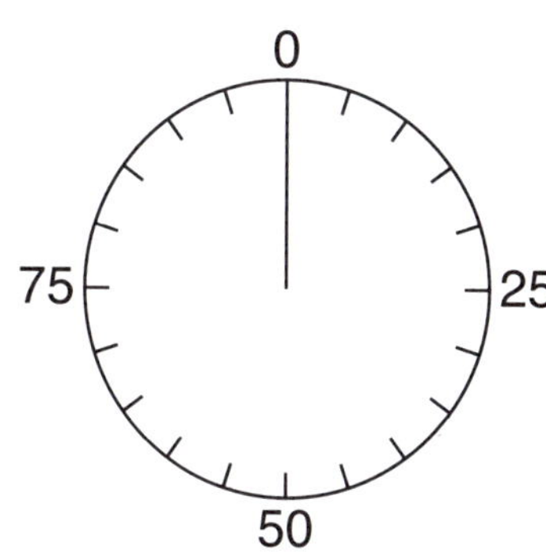

3

장래 희망별 학생 수

장래 희망	크리에이터	의사	교사	기타	합계
학생 수(명)	18	12	6	4	40
백분율(%)					

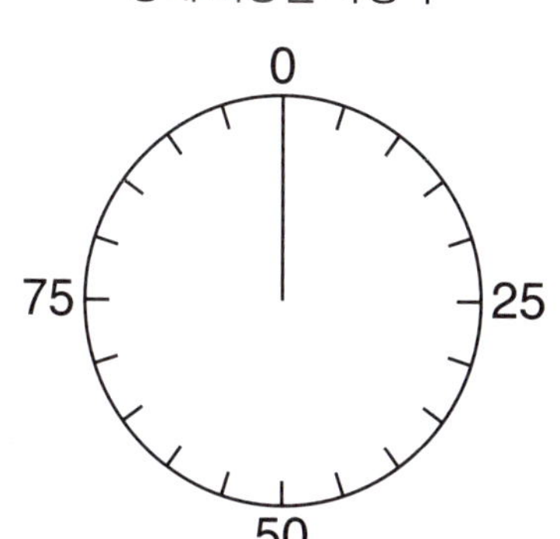

응용 UP  원그래프

| 전체 수량 구하기 |

---

1 수정이네 마을에서 일주일 동안 배출한 재활용품 양을 조사하여 나타낸 원그래프입니다. 종이의 양이 **300 kg**이라면 전체 재활용품 배출량은 몇 **kg**인가요?

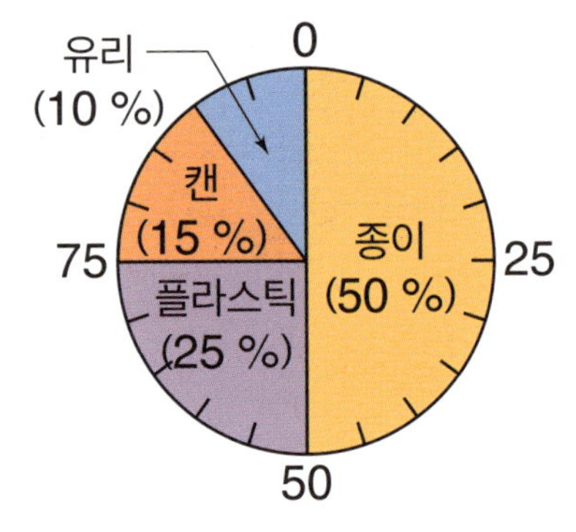

답 ____________

---

2 재민이네 집의 **1월** 관리비를 항목별로 나타낸 원그래프입니다. 수도요금이 **21000원**이라면 1월 관리비는 모두 얼마인가요?

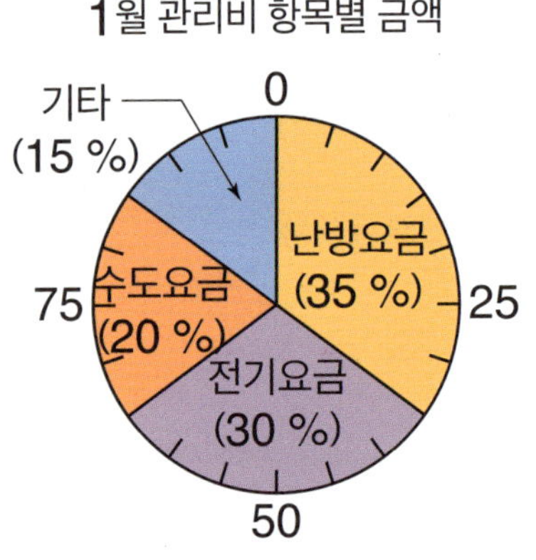

답 ____________

---

3 올해 유리 할머니 댁의 잡곡별 수확량을 나타낸 원그래프입니다. 보리의 수확량이 **70 kg**이라면 올해 수확한 잡곡은 모두 몇 **kg**인가요?

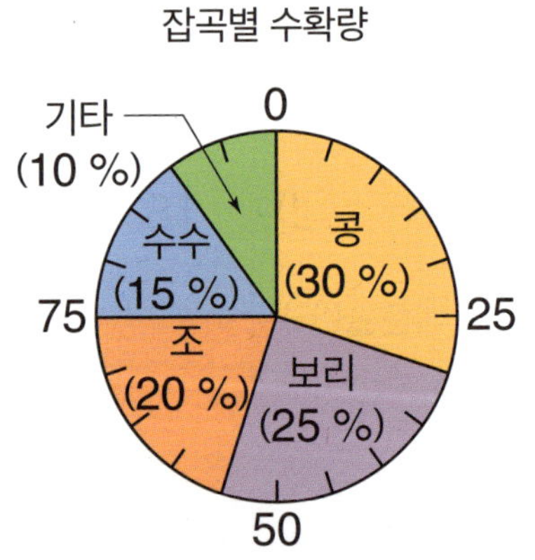

답 ____________

1 도연이네 반 학생들이 좋아하는 중국 음식을 조사하여 나타낸 표입니다. 물음에 답하세요.

좋아하는 중국 음식별 학생 수

음식	학생 수(명)	백분율(%)
자장면	4	
짬뽕	7	
탕수육	6	
볶음밥	3	
합계	20	

(1) 위 표를 완성하세요.

(2) 띠그래프로 나타내어 보세요.

좋아하는 중국 음식별 학생 수

0 10 20 30 40 50 60 70 80 90 100 (%)

(3) 원그래프로 나타내어 보세요.

좋아하는 중국 음식별 학생 수

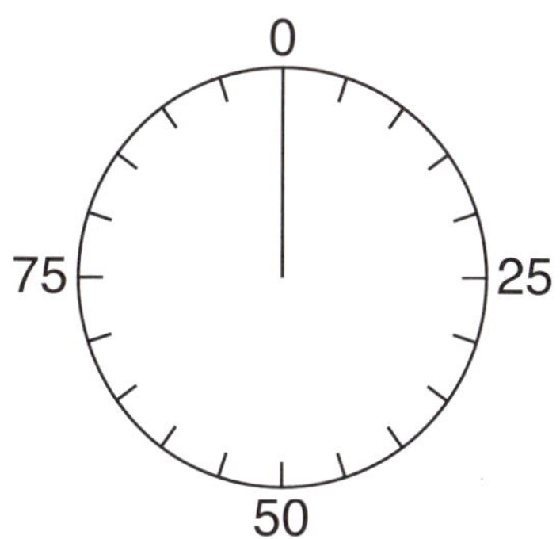

2 태호네 학교 학생들이 여행하고 싶은 국가를 조사하여 나타낸 표입니다. 물음에 답하세요.

여행하고 싶은 국가별 학생 수

국가	학생 수(명)	백분율(%)
프랑스	160	
스위스	100	
대만	80	
기타	60	
합계	400	

(1) 위 표를 완성하세요.

(2) 띠그래프로 나타내어 보세요.

여행하고 싶은 국가별 학생 수

0 10 20 30 40 50 60 70 80 90 100 (%)

(3) 원그래프로 나타내어 보세요.

여행하고 싶은 국가별 학생 수

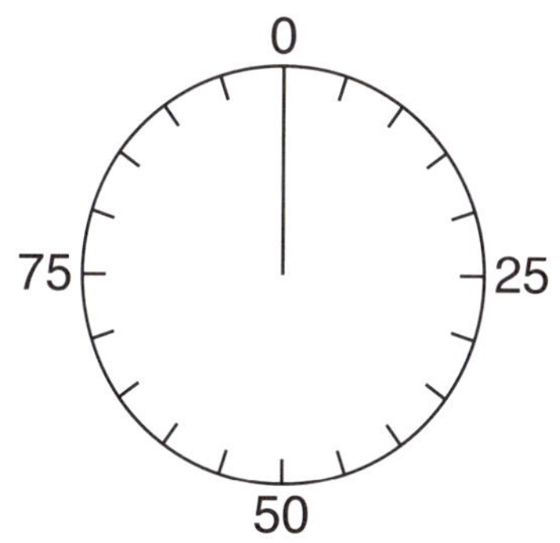

3 장현이네 학교 6학년 학생 120명이 집에서 키우는 반려동물을 조사하여 나타낸 띠그래프입니다. 토끼를 키우는 학생은 몇 명인가요?

집에서 키우는 동물별 학생 수

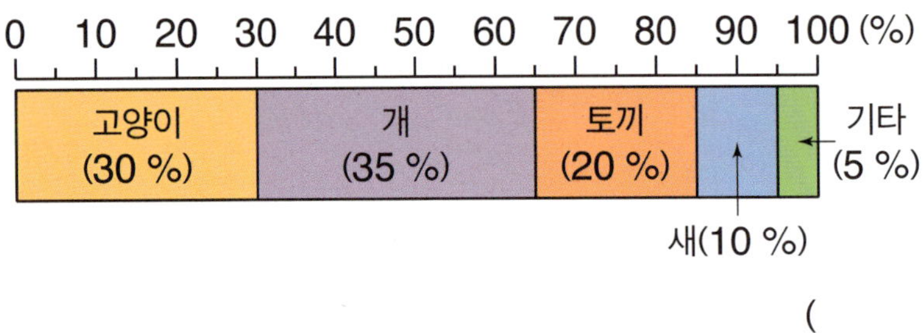

(   )

4 주원이네 집에 있는 책의 종류를 조사하여 나타낸 원그래프입니다. 위인전이 180권일 때 전체 책의 수는 모두 몇 권인가요?

책의 종류별 권수

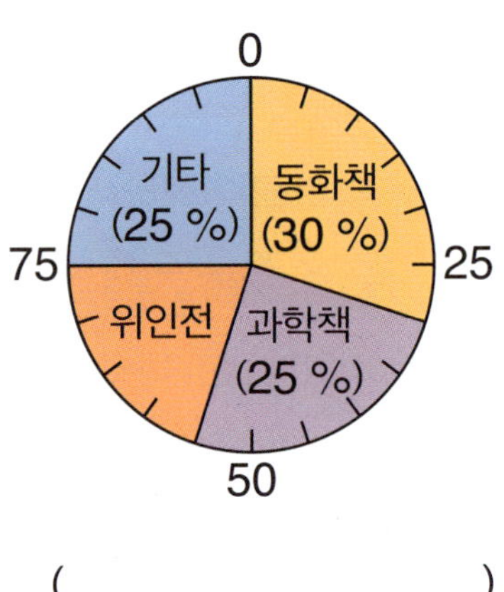

(   )

5 어떤 정치인에 대한 연령별 지지도와 20대의 남녀별 지지도를 조사하여 나타낸 그래프입니다. 조사한 사람 수가 1000명일 때 이 정치인을 지지하는 20대 여자는 몇 명인가요?

연령별 지지도

20대의 남녀별 지지도

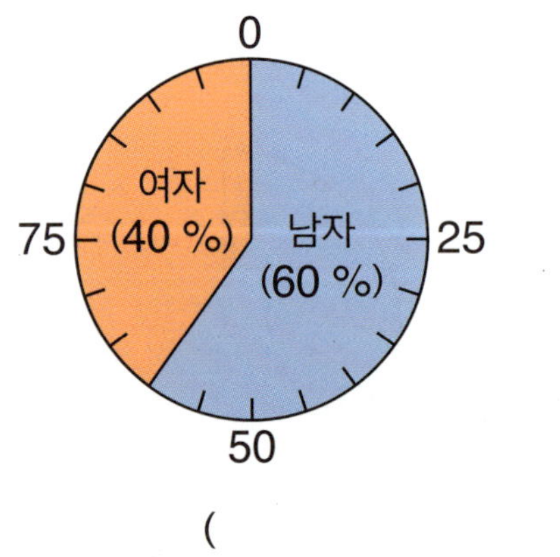

(   )

06

직육면체의 부피와 겉넓이

학습 일차	학습 내용	날짜	맞은 개수	
			연산	응용
DAY 42	**부피 ①** 직육면체와 정육면체의 부피	/	/8	/4
DAY 43	**부피 ②** 직육면체와 정육면체의 부피	/	/8	/6
DAY 44	**부피 ③** $1\,cm^3$와 $1\,m^3$의 관계	/	/12	/6
DAY 45	**겉넓이 ①** 직육면체의 겉넓이	/	/8	/3
DAY 46	**겉넓이 ②** 정육면체의 겉넓이	/	/8	/6
DAY 47	**겉넓이 ③** 전개도를 보고 겉넓이 구하기	/	/6	/3
DAY 48	**부피와 겉넓이 종합 ①**	/	/6	/6
DAY 49	**부피와 겉넓이 종합 ②**	/	/6	/3
DAY 50	**마무리 확인**	/		/17

▶ 부피 단위 1 cm³, 1 m³

· 1 cm³

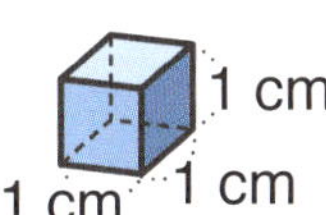

한 모서리의 길이가
1 cm인 정육면체의 부피

쓰기 ▶

$$1\,cm^3$$

읽기 ▶ 1 세제곱센티미터

· 1 m³

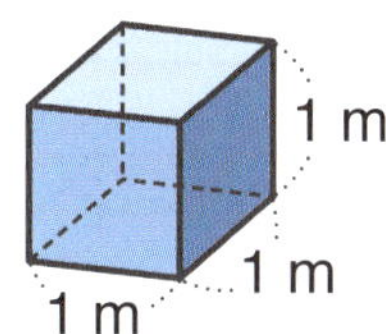

한 모서리의 길이가
1 m인 정육면체의 부피

쓰기 ▶

$$1\,m^3$$

읽기 ▶ 1 세제곱미터

· 1 cm³와 1 m³의 관계

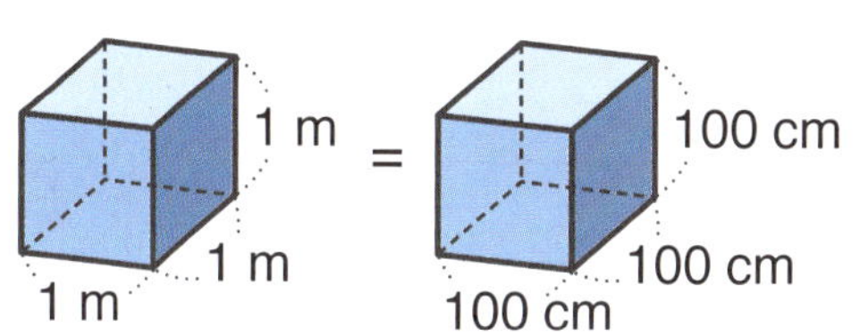

$1\,m^3$
$=100\,cm \times 100\,cm \times 100\,cm$
$=1000000\,cm^3$

$$1\,m^3 = 1000000\,cm^3$$

▶ 직육면체의 부피

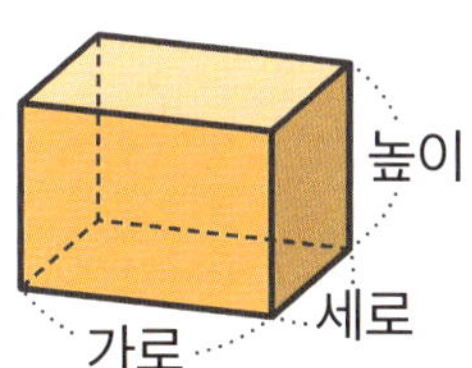

(직육면체의 부피)
= (가로)×(세로)×(높이)
= (밑면의 넓이)×(높이)

예 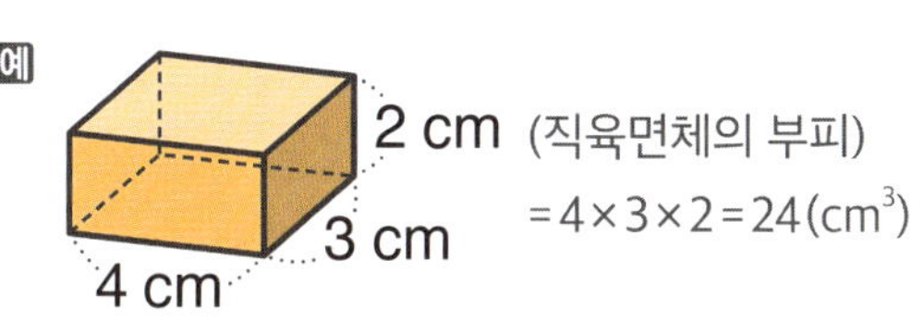

(직육면체의 부피)
$=4 \times 3 \times 2 = 24\,(cm^3)$

▶ 정육면체의 부피

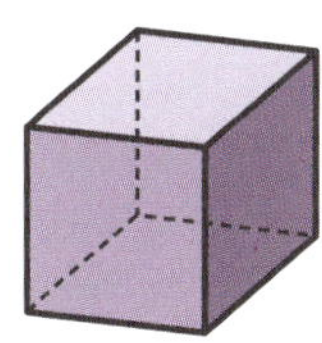

(정육면체의 부피)
= (한 모서리의 길이)×(한 모서리의 길이)
  ×(한 모서리의 길이)

예 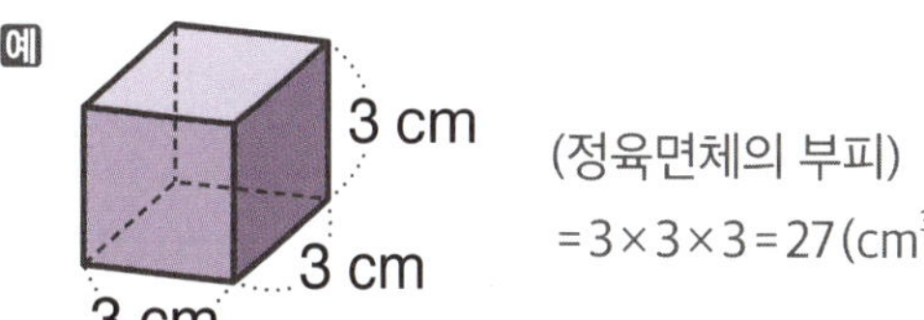

(정육면체의 부피)
$=3 \times 3 \times 3 = 27\,(cm^3)$

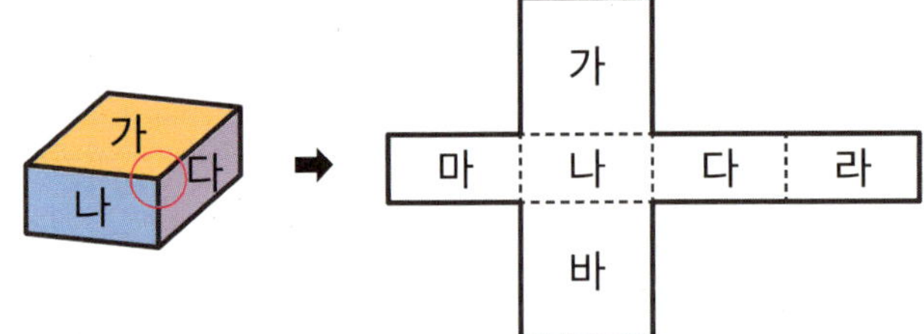

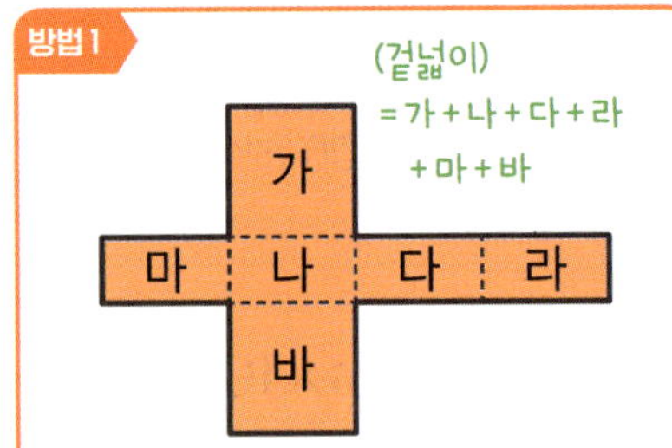

(직육면체의 겉넓이)

=(여섯 면의 넓이의 합)

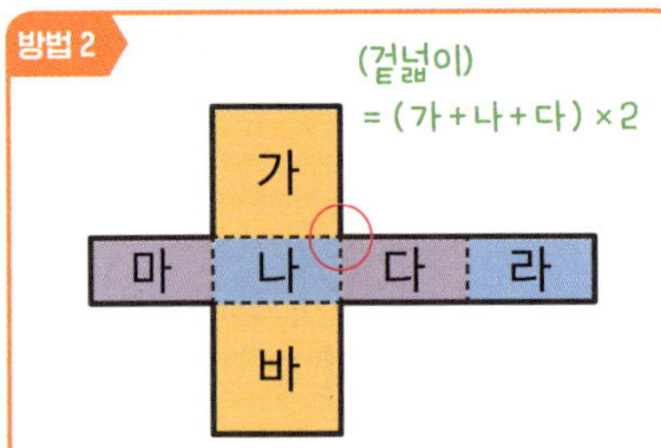

(직육면체의 겉넓이)

=(한 꼭짓점에서 만나는
세 면의 넓이의 합)×2

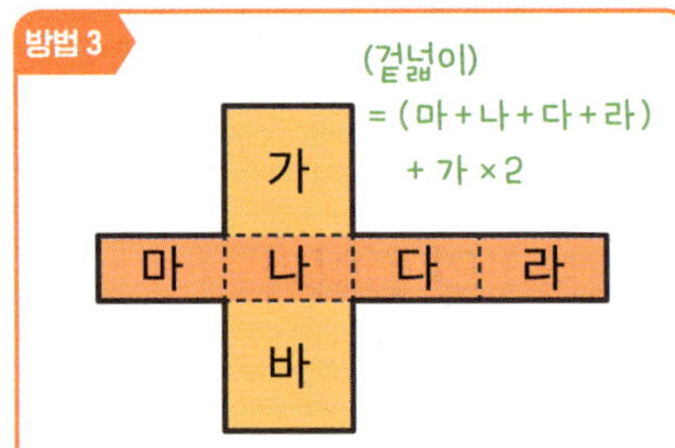

(직육면체의 겉넓이)

=(옆면의 넓이)

　+ (한 밑면의 넓이)×2

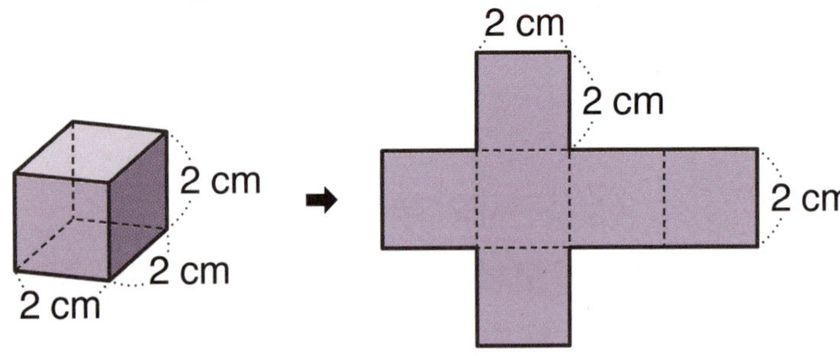

예 (정육면체의 겉넓이)

$= (2×2)×6$

$= 4×6$

$= 24\,(cm^2)$

(정육면체의 겉넓이)

= (여섯 면의 넓이의 합)

= (한 면의 넓이)×6

= (한 모서리의 길이)×(한 모서리의 길이)×6

부피 ① 직육면체와 정육면체의 부피

직육면체와 정육면체의 부피를 구해 보세요.

1

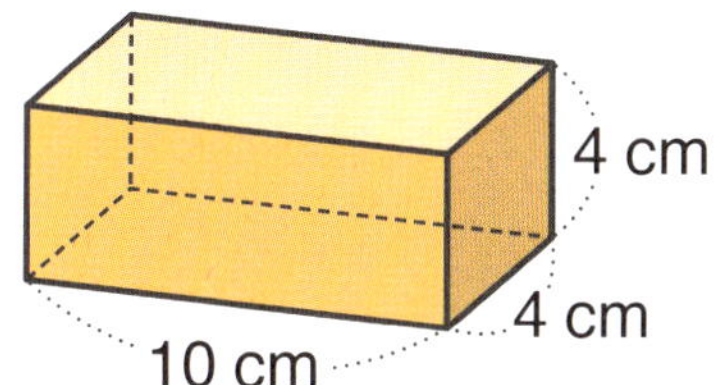

160 cm³

5

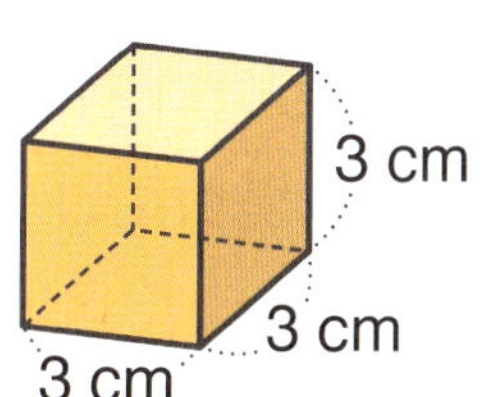

2

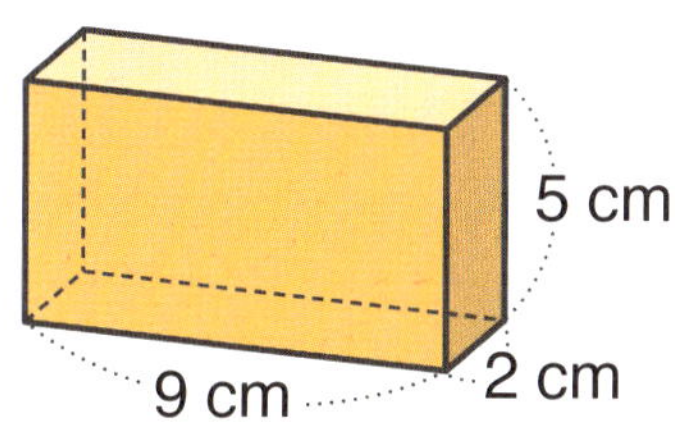

6

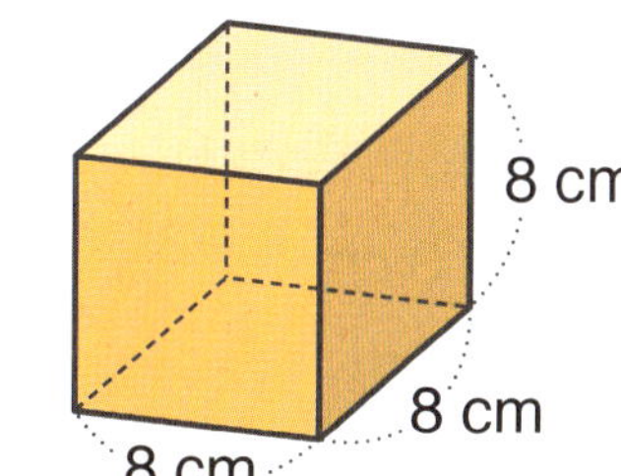

3

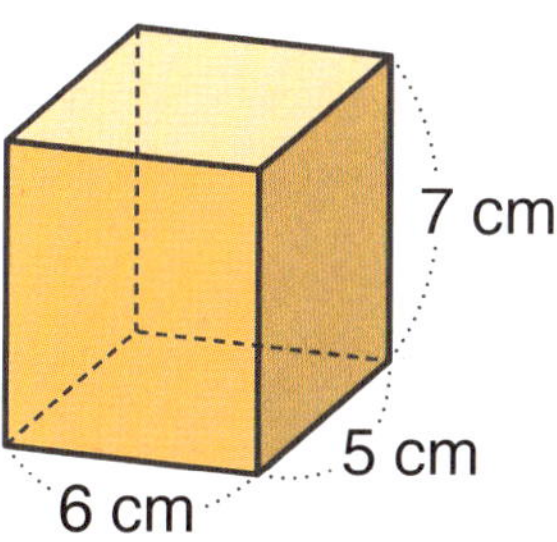

7

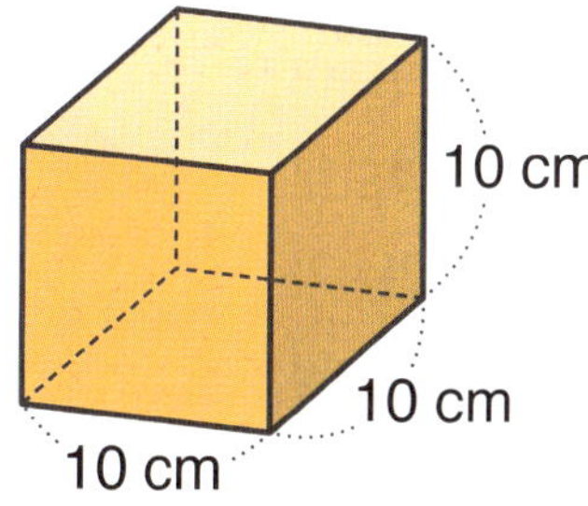

4

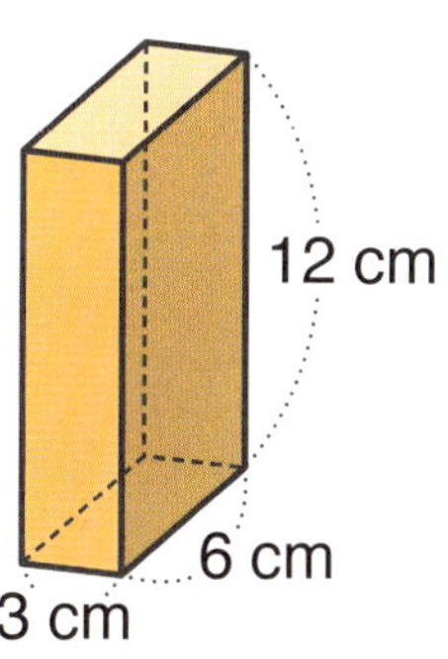

8

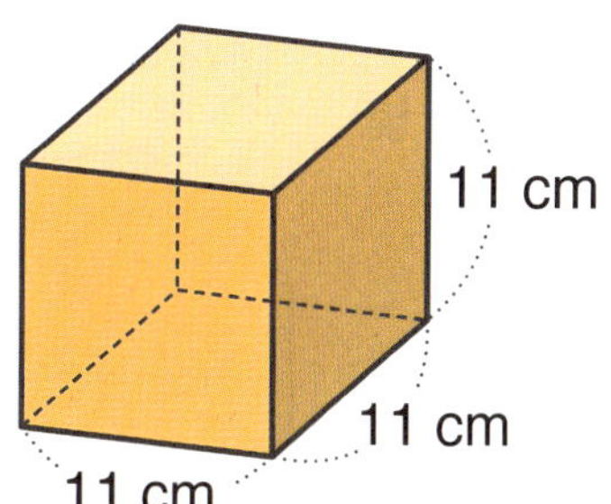

1 도연이는 선물을 담기 위해 가로가 **8 cm**, 세로가 **7 cm**, 높이가 **6 cm**인 직육면체 모양의 상자를 만들었습니다. 도연이가 만든 상자의 부피는 몇 cm³인가요?

답 ________________

2 직육면체 모양의 물건입니다. 부피가 더 큰 것의 기호를 쓰세요.

가

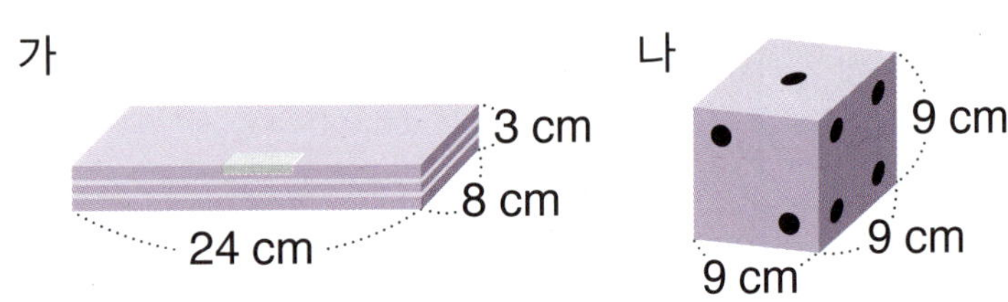

나

답 ________________

3 직육면체 모양의 빵을 잘라내어 남은 부분을 정육면체 모양으로 만들려고 합니다. 만들 수 있는 가장 큰 정육면체 모양의 부피는 몇 cm³인가요?

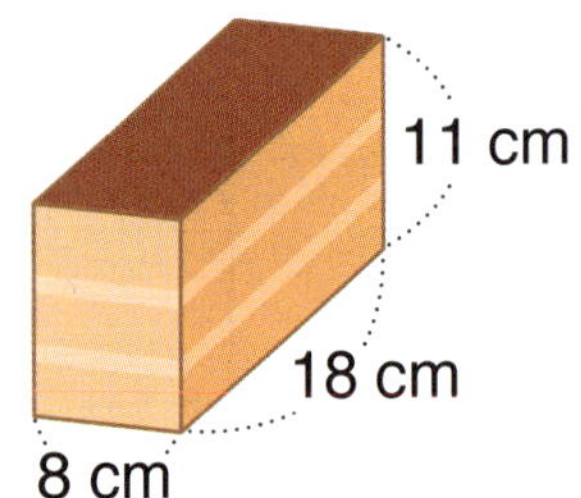

답 ________________

4 오른쪽 입체도형의 부피는 몇 cm³인가요?

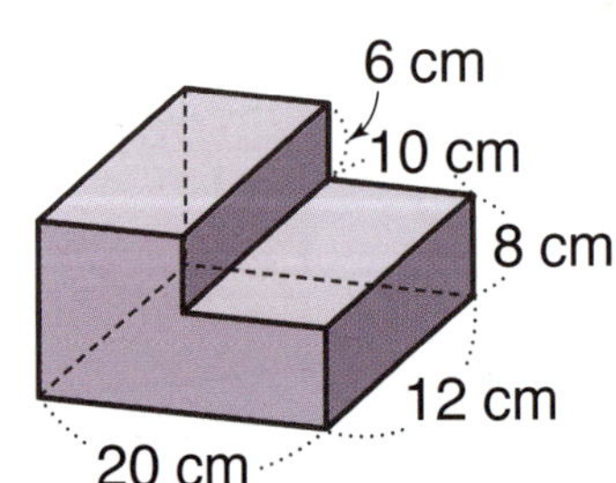

답 ________________

직육면체와 정육면체의 부피를 구해 보세요.

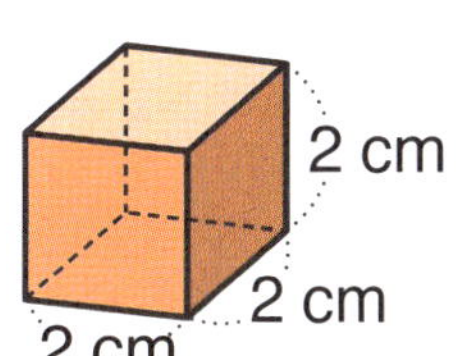

1

8 cm³

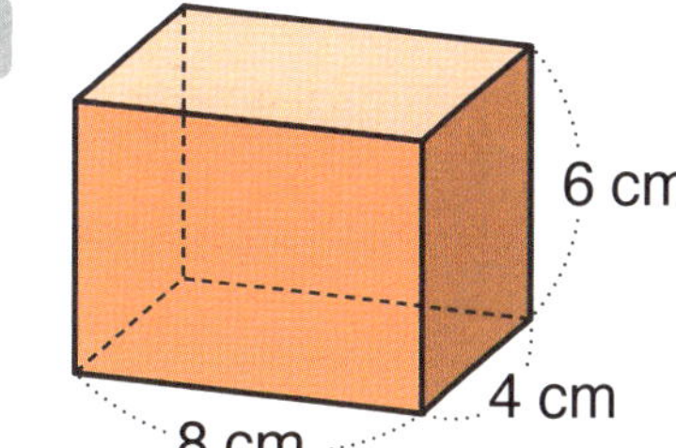

5

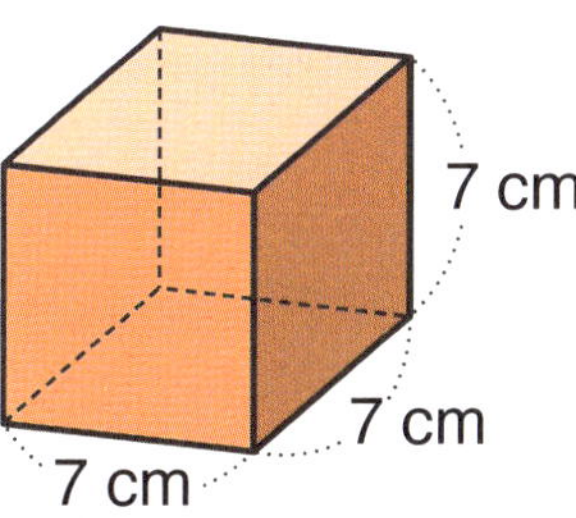

2

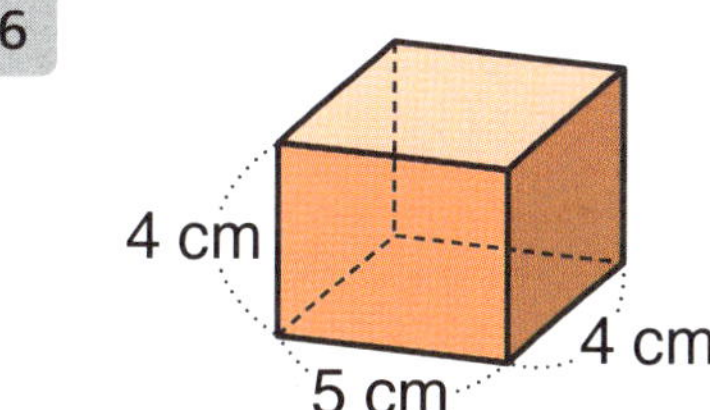

6

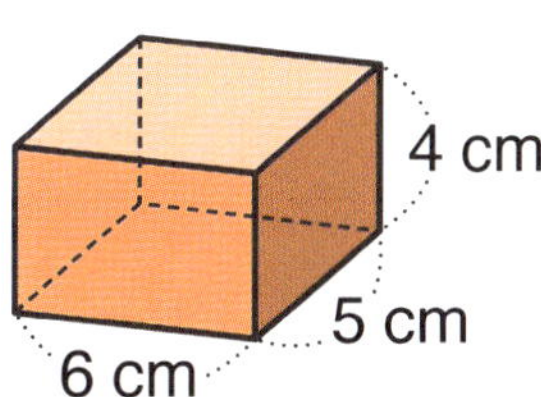

3

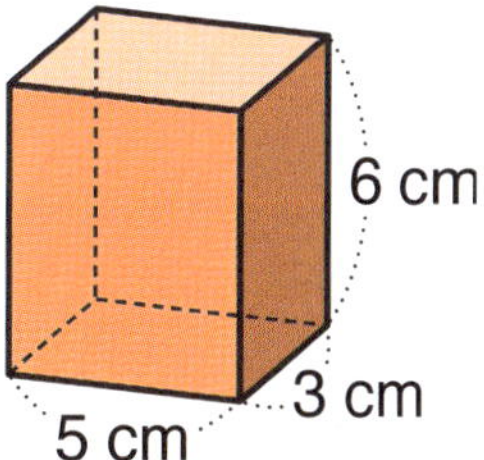

7

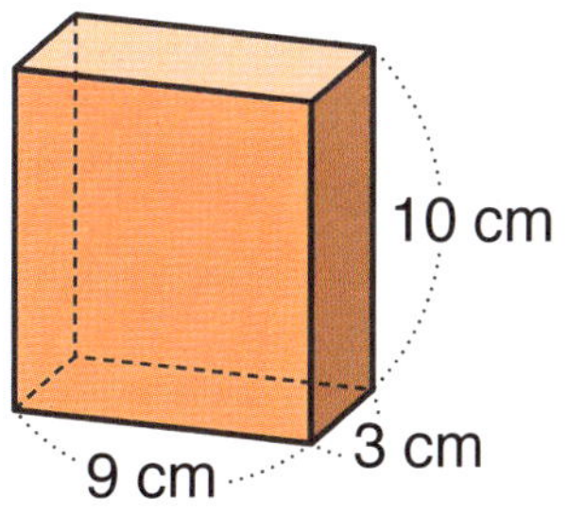

4

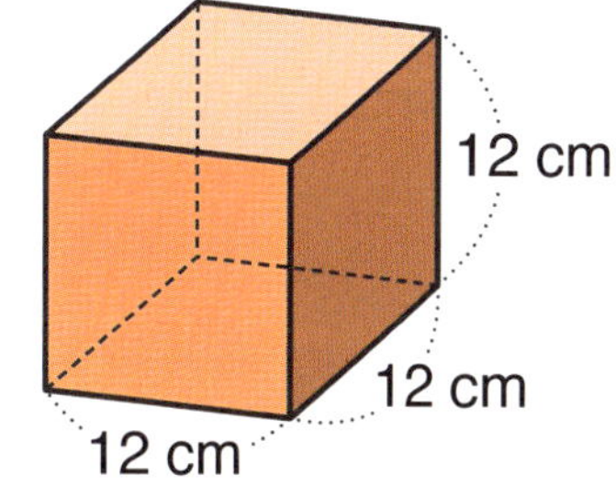

8

응용 UP 부피②

| 부피를 알 때 한 모서리의 길이 구하기 |

부피가 다음과 같이 주어졌을 때 ☐ 안에 알맞은 수를 써넣으세요.

1 부피 125 cm³

(가로)×(세로)×(높이)=(부피)
➡ $5 × ☐ × 5 = 125$

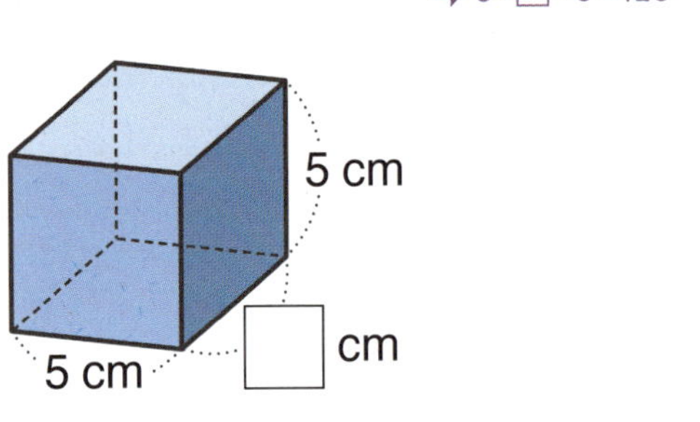

2 부피 84 cm³

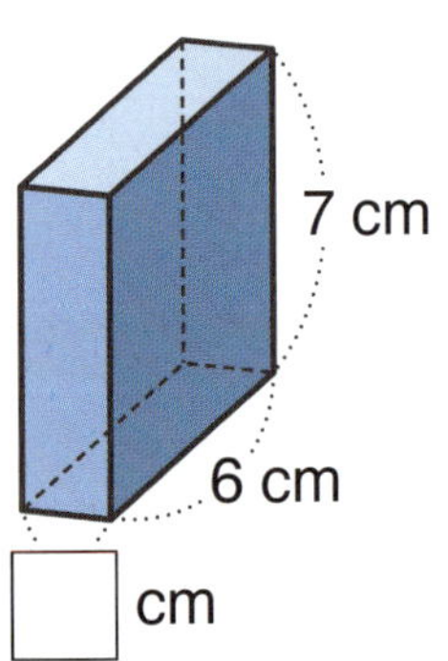

3 부피 120 cm³

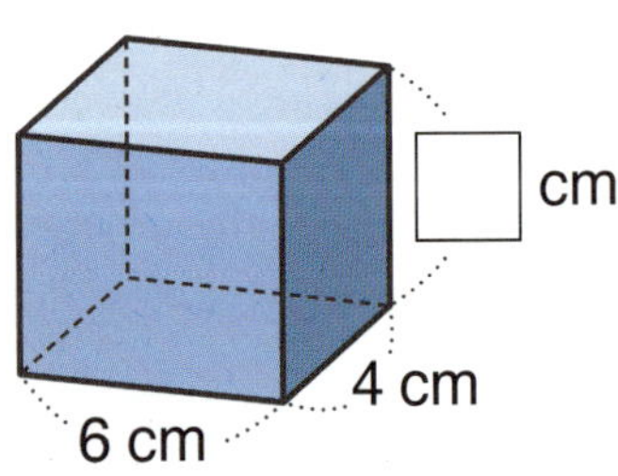

4 부피 60 cm³

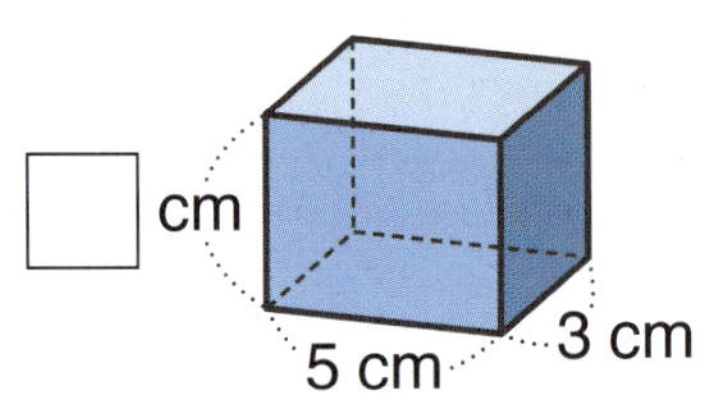

5 부피 210 cm³

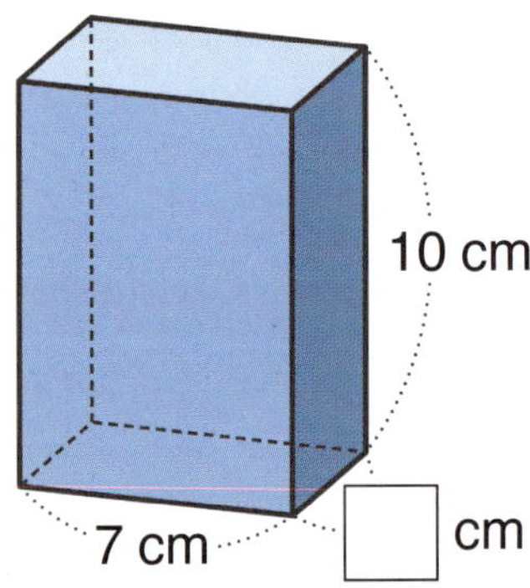

6 부피 162 cm³

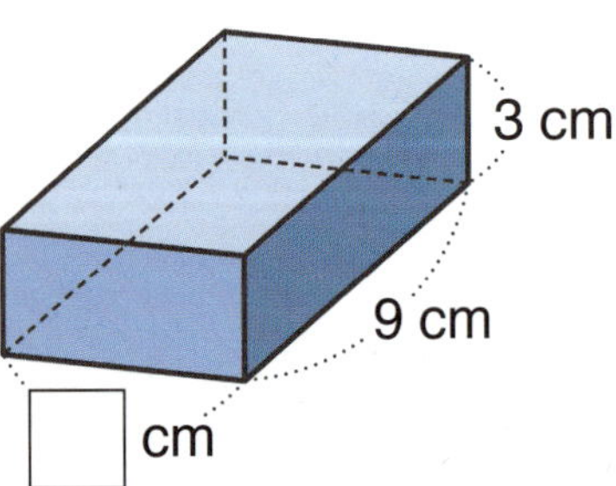

부피 ③ 1 cm³와 1 m³의 관계

1   $2\ m^3 = \underline{\quad 2000000 \quad}\ cm^3$

$1\ m^3 = 1000000\ cm^3$

2   $7\ m^3 = \underline{\hspace{3cm}}\ cm^3$

3   $11\ m^3 = \underline{\hspace{3cm}}\ cm^3$

4   $23\ m^3 = \underline{\hspace{3cm}}\ cm^3$

5   $3.5\ m^3 = \underline{\hspace{3cm}}\ cm^3$

6   $4.7\ m^3 = \underline{\hspace{3cm}}\ cm^3$

7   $3000000\ cm^3 = \underline{\hspace{2cm}}\ m^3$

8   $6000000\ cm^3 = \underline{\hspace{2cm}}\ m^3$

9   $15000000\ cm^3 = \underline{\hspace{2cm}}\ m^3$

10   $38000000\ cm^3 = \underline{\hspace{2cm}}\ m^3$

11   $700000\ cm^3 = \underline{\hspace{2cm}}\ m^3$

12   $500000\ cm^3 = \underline{\hspace{2cm}}\ m^3$

직육면체의 부피를 주어진 단위로 나타내어 보세요.

1

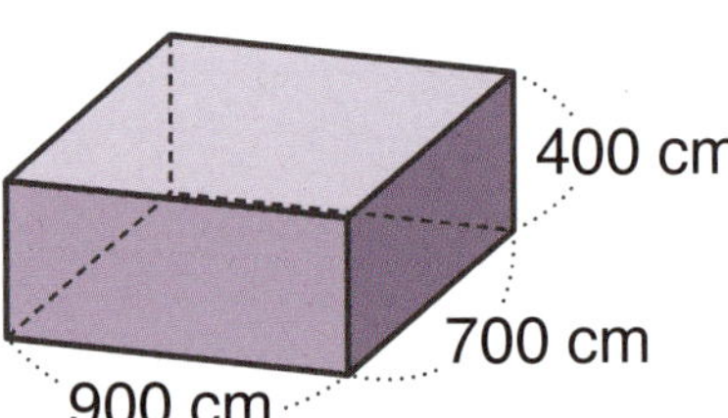

__________ cm^3

__________ m^3

2

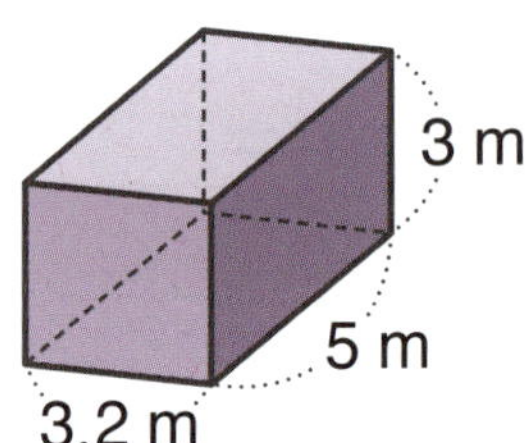

__________ cm^3

__________ m^3

3

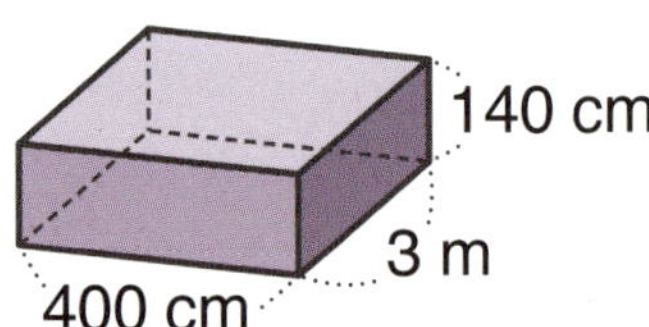

__________ cm^3

__________ m^3

4

① 같은 단위로 바꿔.
② 부피를 계산해.

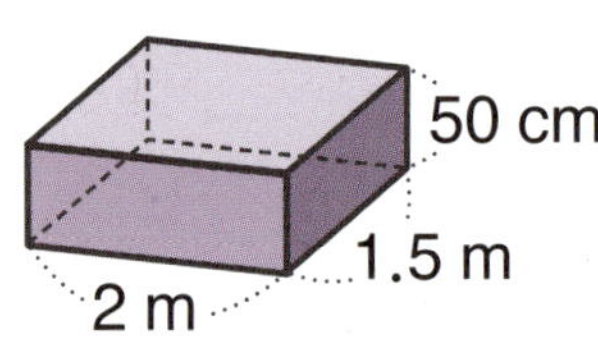

__________ cm^3

__________ m^3

5

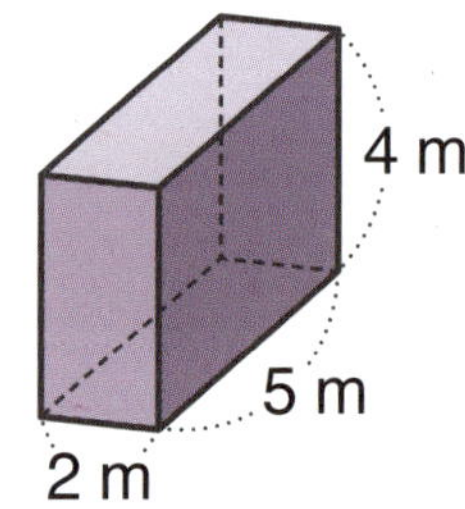

__________ cm^3

__________ m^3

6

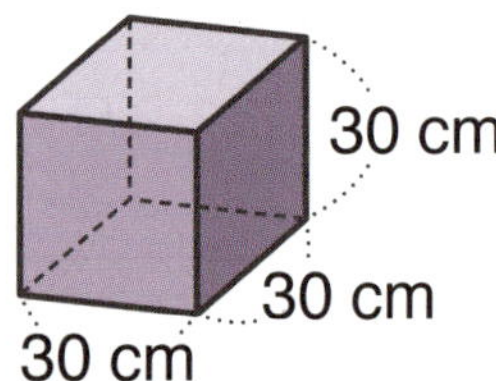

__________ cm^3

__________ m^3

겉넓이 ① 직육면체의 겉넓이

직육면체의 겉넓이를 구해 보세요.

1

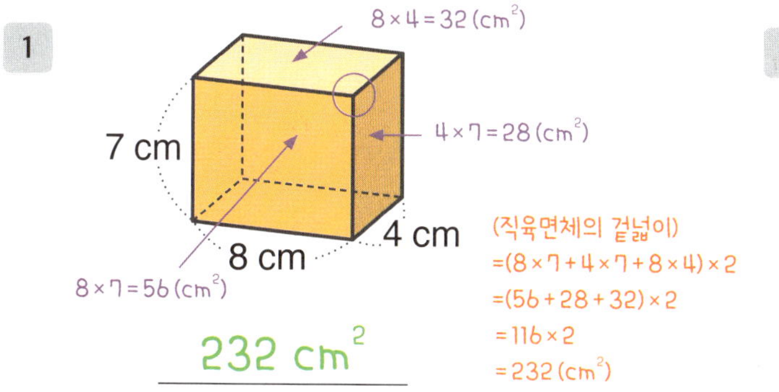

232 cm²

5

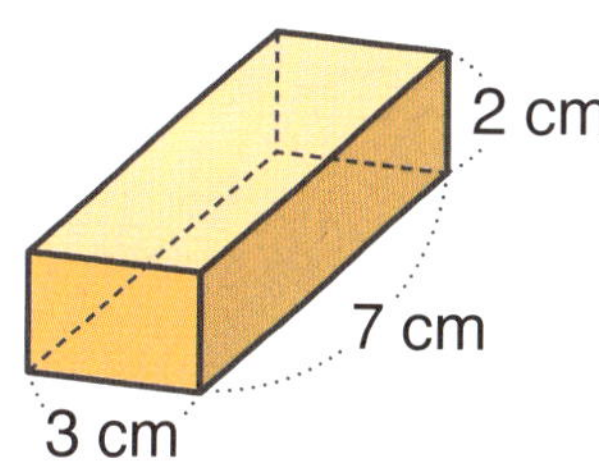

____

2

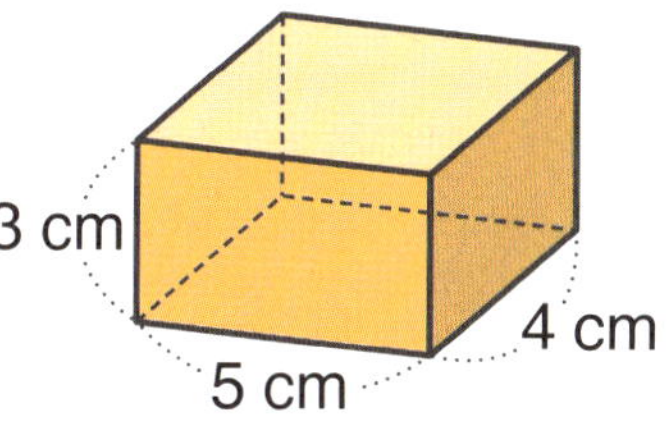

____

6

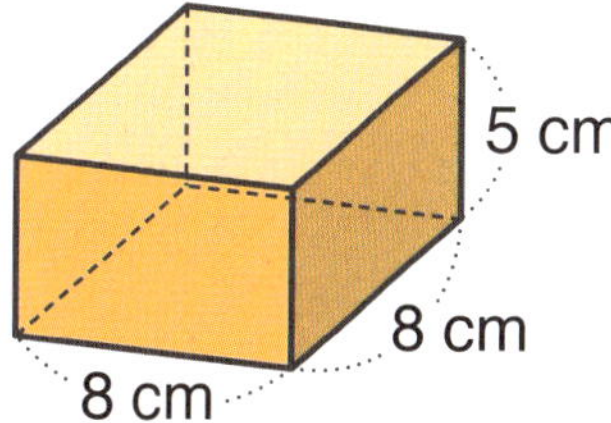

____

3

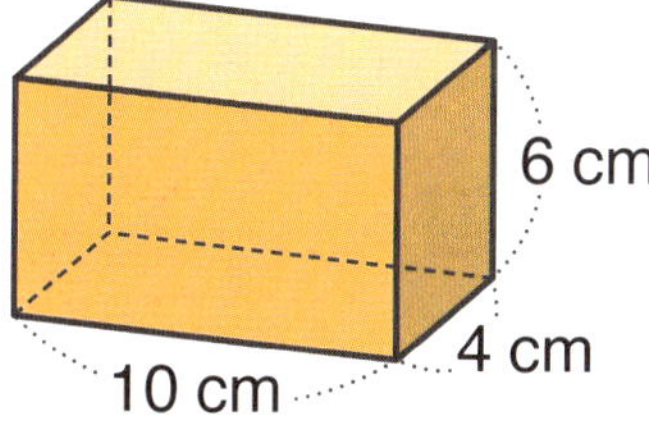

____

7

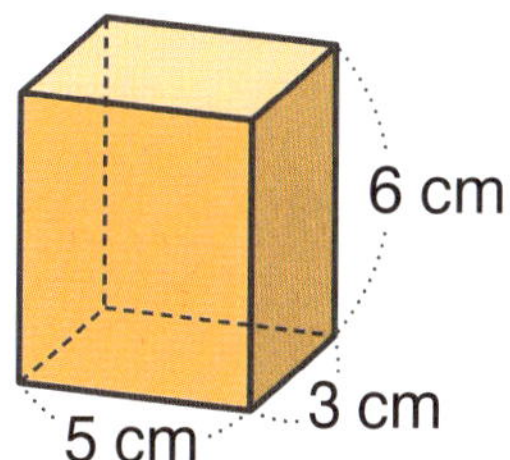

____

4

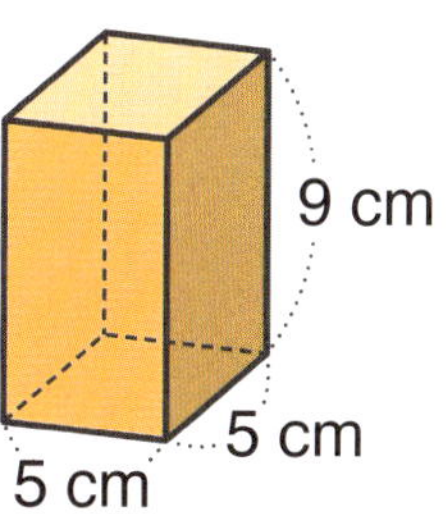

____

8

____

1 가로가 **10 cm**, 세로가 **15 cm**, 높이가 **6 cm**인 직육면체 모양의 상자가 있습니다. 이 상자의 겉면에 색종이를 겹치지 않게 빈틈없이 붙일 때 필요한 색종이의 넓이는 몇 cm^2인가요?

답 ________________

2 도경이와 민하는 각각 직육면체 모양의 보물 상자를 만들었습니다. 겉넓이가 더 넓은 것은 누구의 보물 상자인가요?

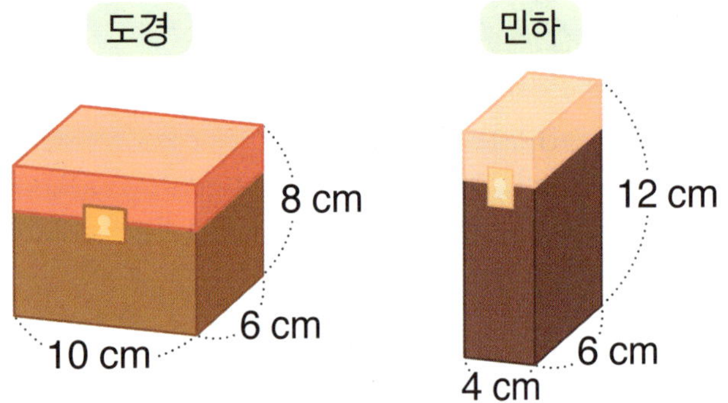

답 ________________

3 직육면체 모양의 떡을 그림과 같이 반으로 잘랐습니다. 잘린 떡 2조각의 겉넓이의 합은 처음 떡의 겉넓이보다 몇 cm^2 더 늘어날까요?

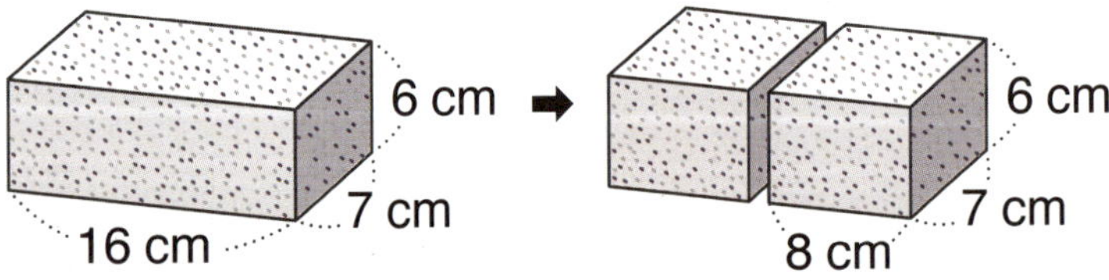

답 ________________

정육면체의 겉넓이를 구해 보세요.

1

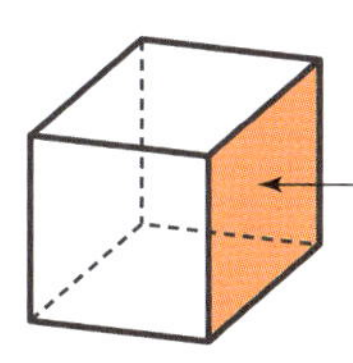

한 면의 넓이 : 16 cm^2

(정육면체의 겉넓이)
=(한 면의 넓이)×6
=16×6
=96 (cm^2)

96 cm^2

5

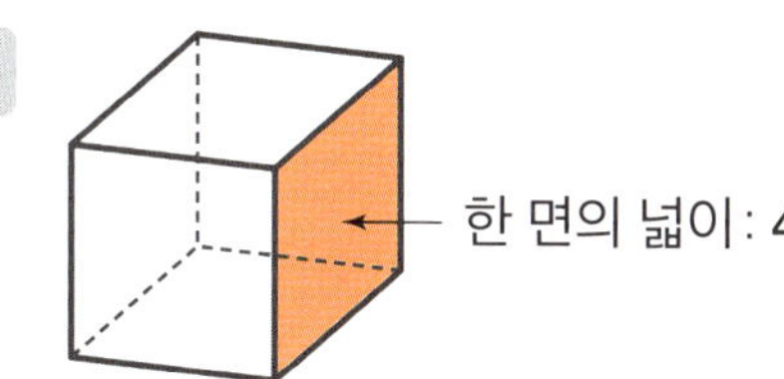

한 면의 넓이 : 49 cm^2

____

2

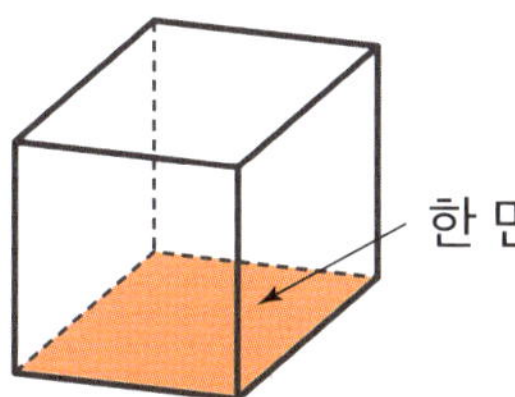

한 면의 넓이 : 81 cm^2

____

6

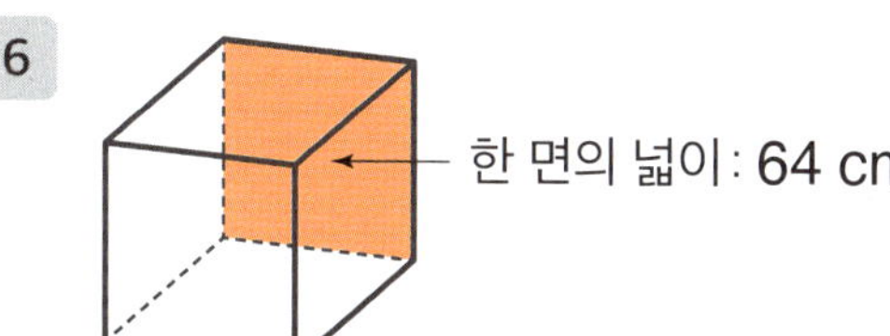

한 면의 넓이 : 64 cm^2

____

3

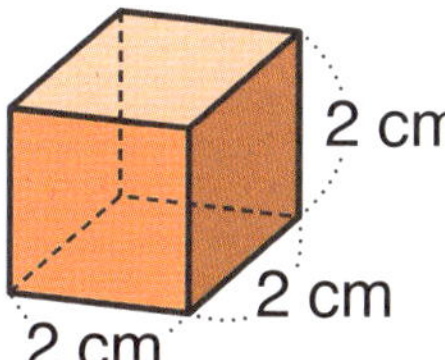

____

7

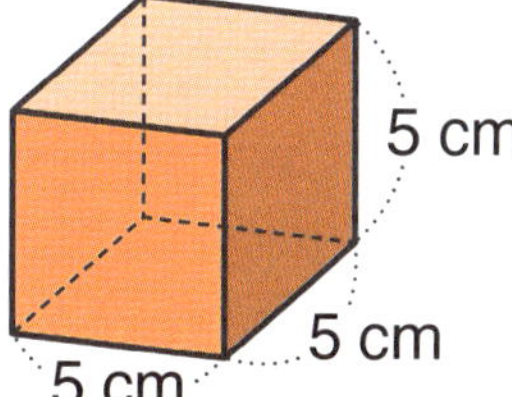

____

4

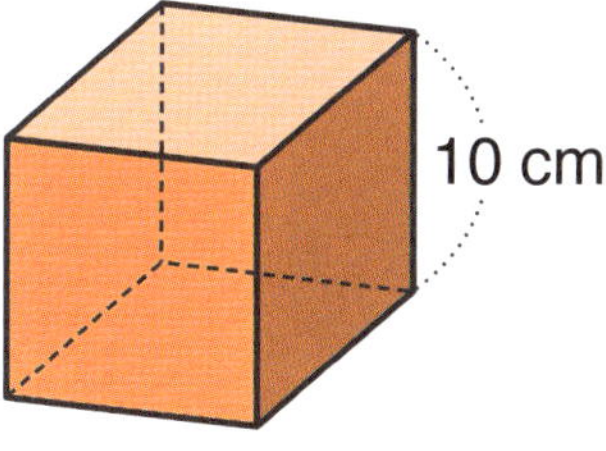

____

8

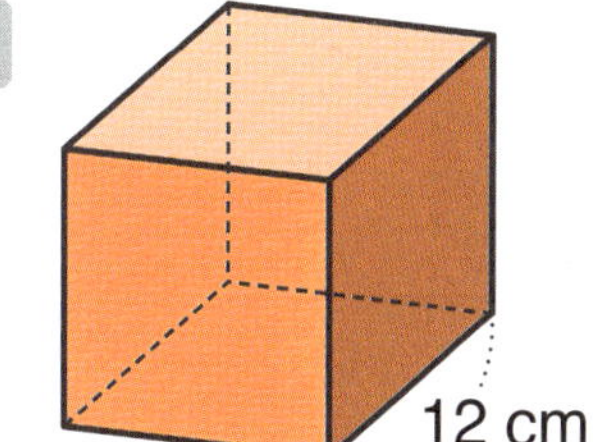

____

| 정육면체의 겉넓이를 알 때 한 모서리의 길이 구하기 |

정육면체의 겉넓이가 다음과 같이 주어졌을 때 ☐ 안에 알맞은 수를 써넣으세요.

1 겉넓이 54 cm²

① (한 면의 넓이)=(겉넓이)÷6
② (한 모서리의 길이)×(한 모서리의 길이)
　=(한 면의 넓이)

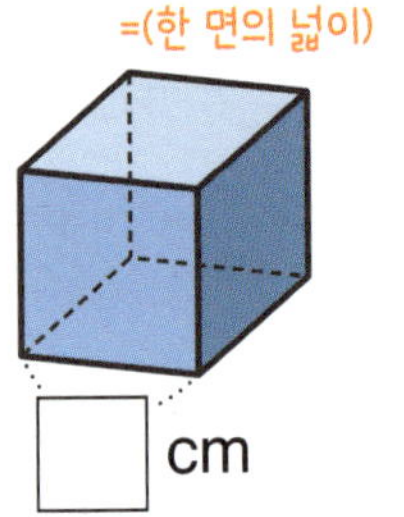
☐ cm

4 겉넓이 294 cm²

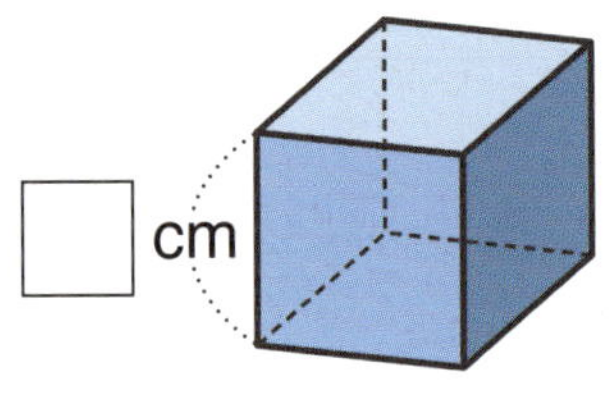
☐ cm

2 겉넓이 486 cm²

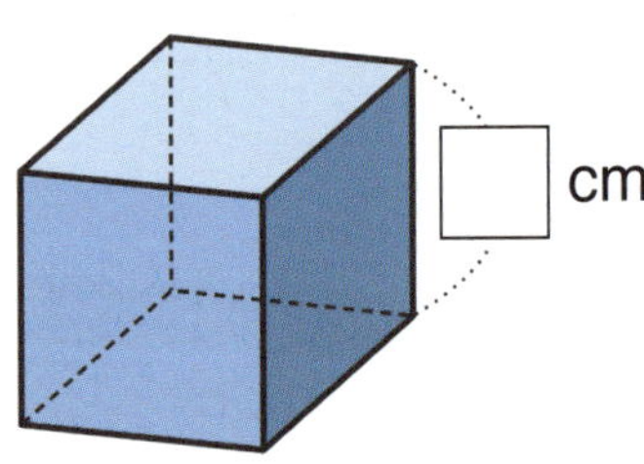
☐ cm

5 겉넓이 150 cm²

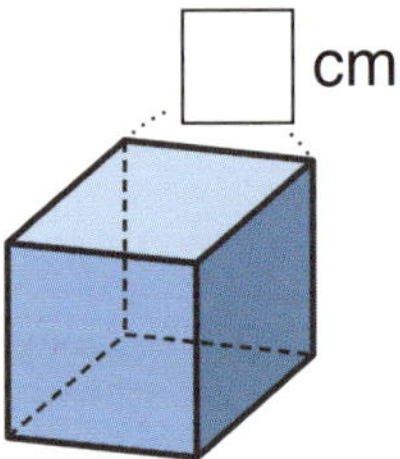
☐ cm

3 겉넓이 384 cm²

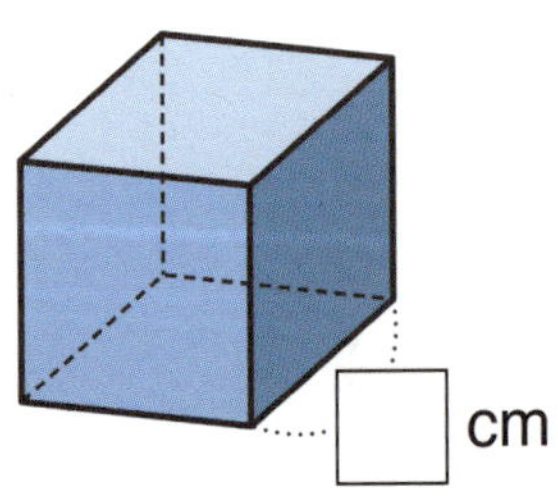
☐ cm

6 겉넓이 600 cm²

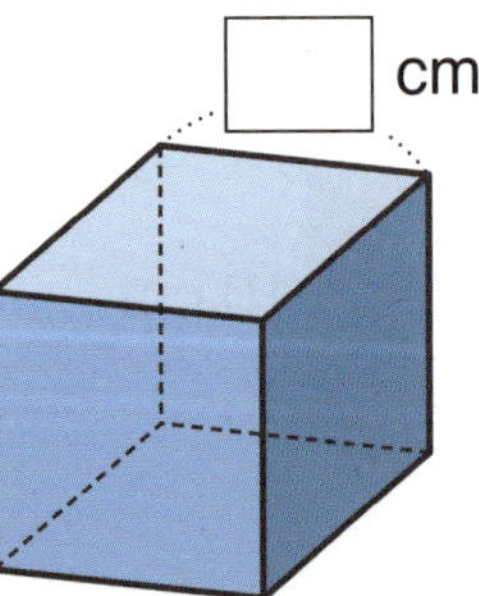
☐ cm

겉넓이 ③ 전개도를 보고 겉넓이 구하기

전개도로 만든 직육면체의 겉넓이를 구해 보세요.

1

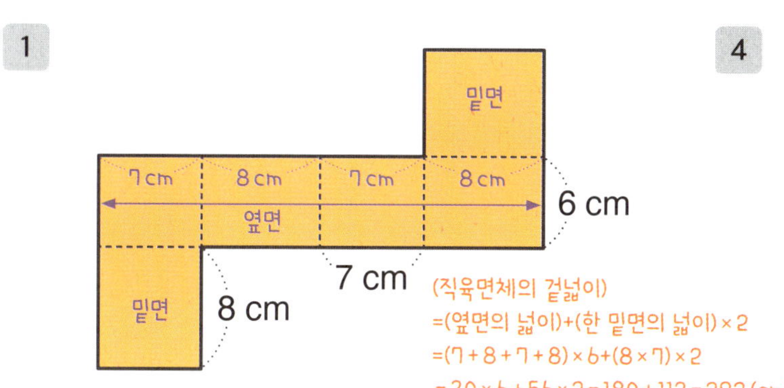

292 cm²

2

____

3

____

4

____

5

____

6

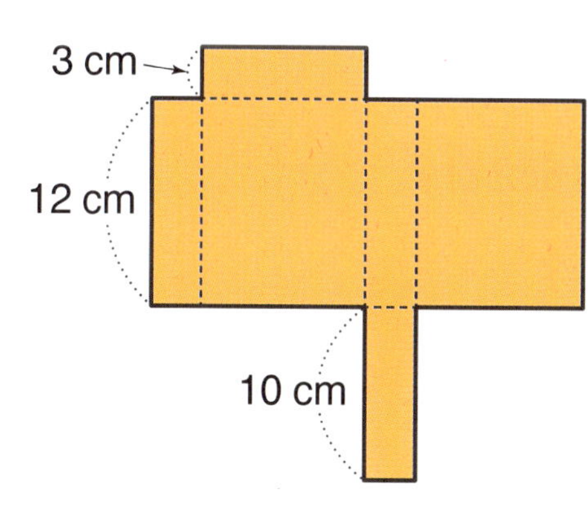

____

| 직육면체의 겉넓이를 알 때 높이 구하기 |

직육면체의 겉넓이가 다음과 같이 주어졌을 때 □ 안에 알맞은 수를 써넣으세요.

1 겉넓이 52 cm^2

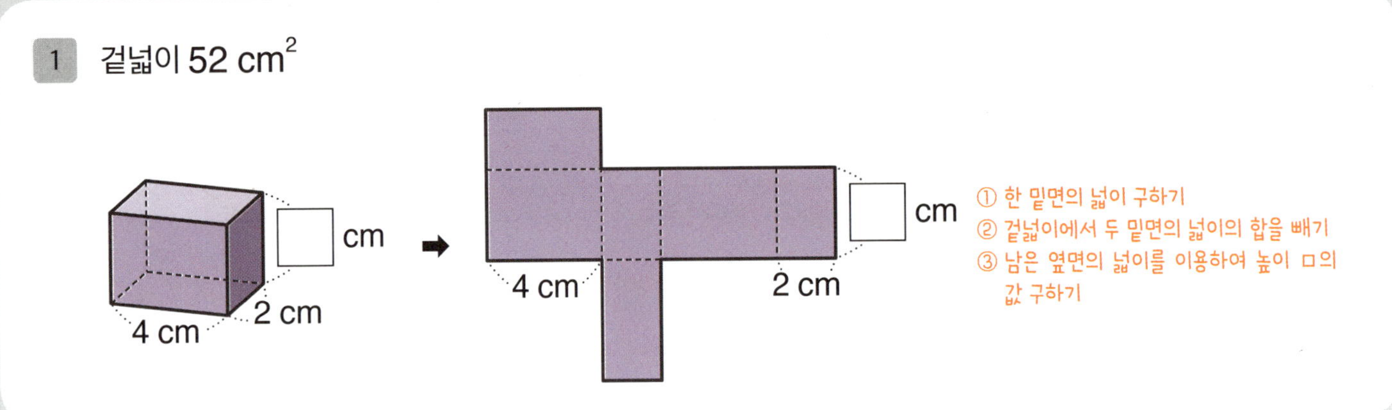

2 겉넓이 132 cm^2

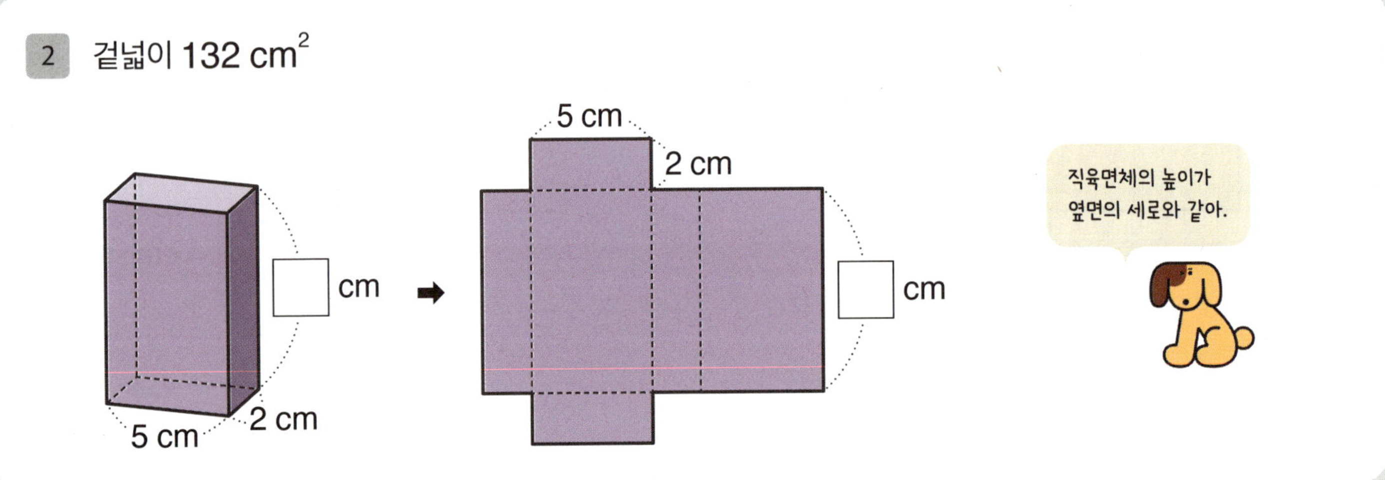

3 겉넓이 562 cm^2

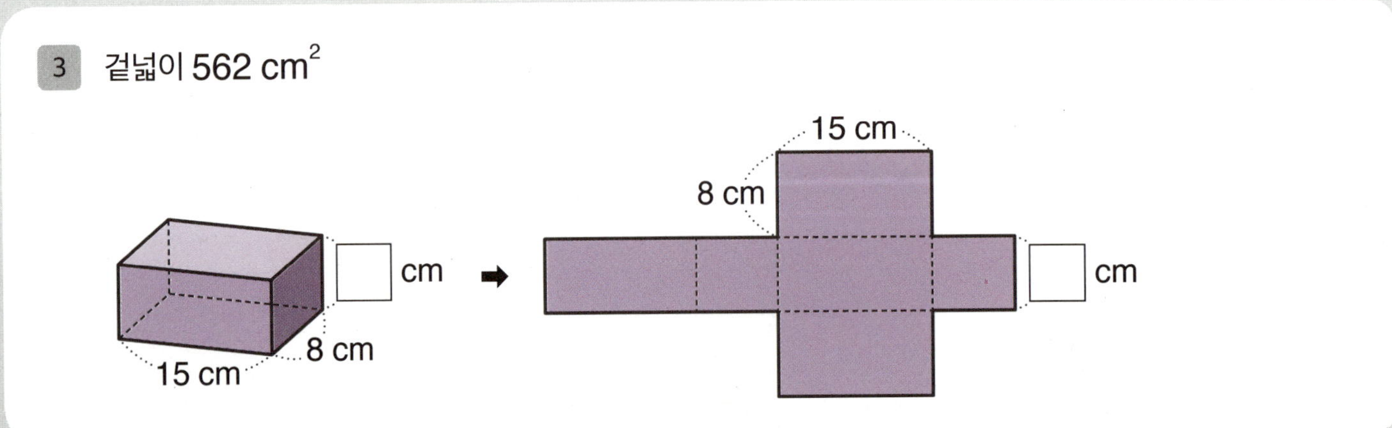

부피와 겉넓이 종합①

1 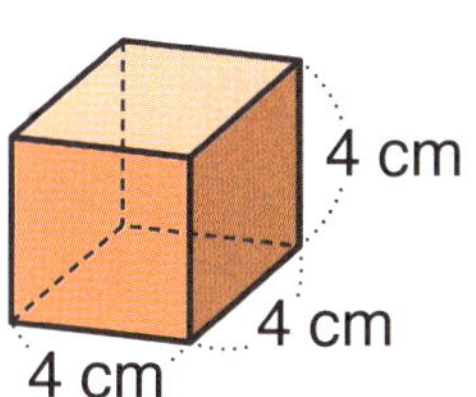

부피 ______________

겉넓이 ______________

4 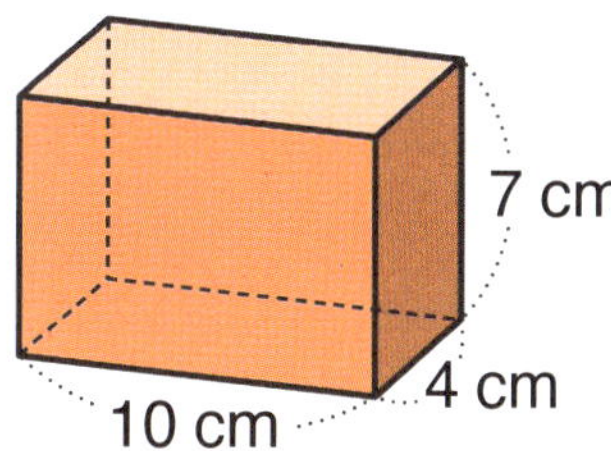

부피 ______________

겉넓이 ______________

2 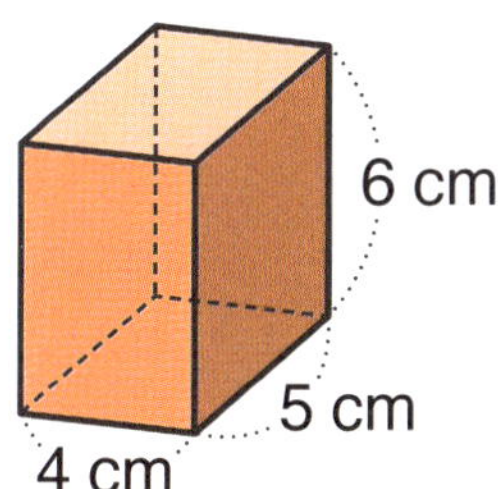

부피 ______________

겉넓이 ______________

5 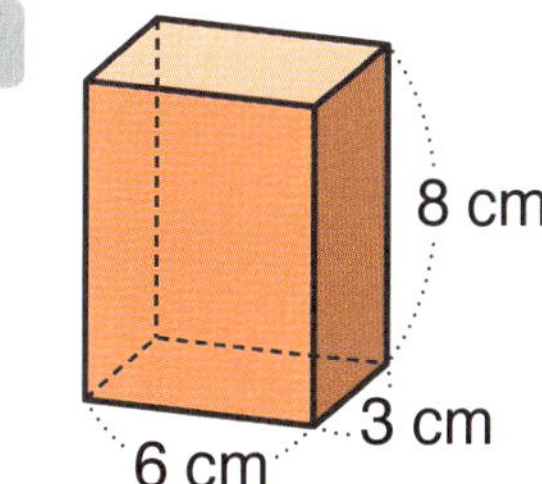

부피 ______________

겉넓이 ______________

3 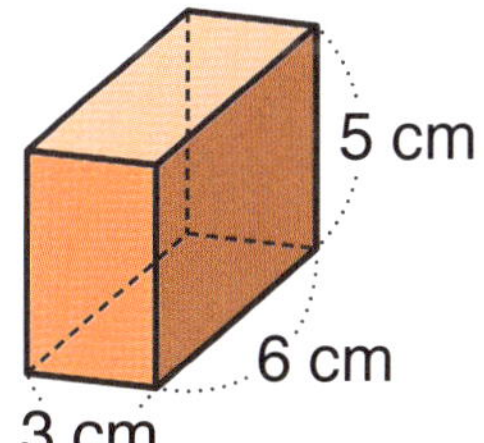

부피 ______________

겉넓이 ______________

6 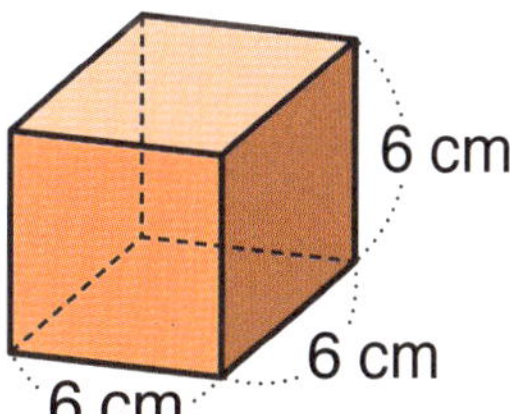

부피 ______________

겉넓이 ______________

| 부피를 알 때 겉넓이 구하기 |

직육면체의 부피가 다음과 같이 주어졌을 때 직육면체의 겉넓이를 구해 보세요.

1 부피 40 cm^3

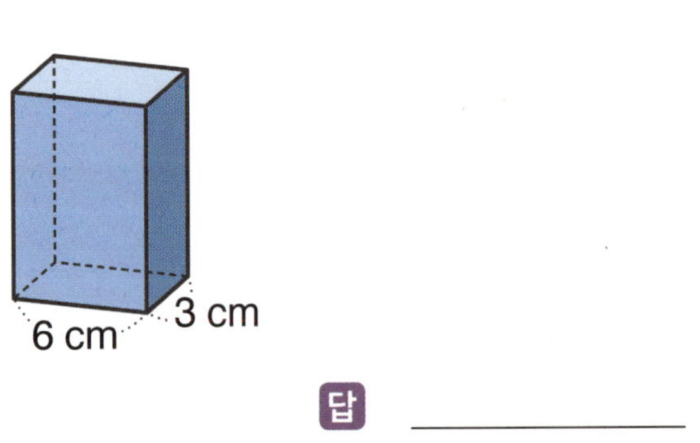

답 ______________

4 부피 900 cm^3

답 ______________

2 부피 162 cm^3

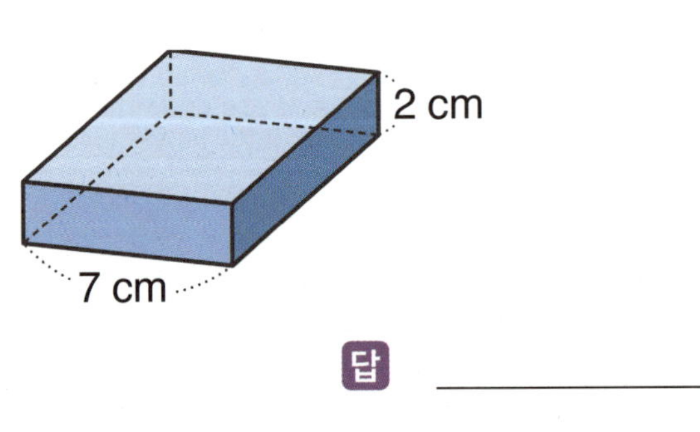

답 ______________

5 부피 720 cm^3

답 ______________

3 부피 112 cm^3

답 ______________

6 부피 168 cm^3

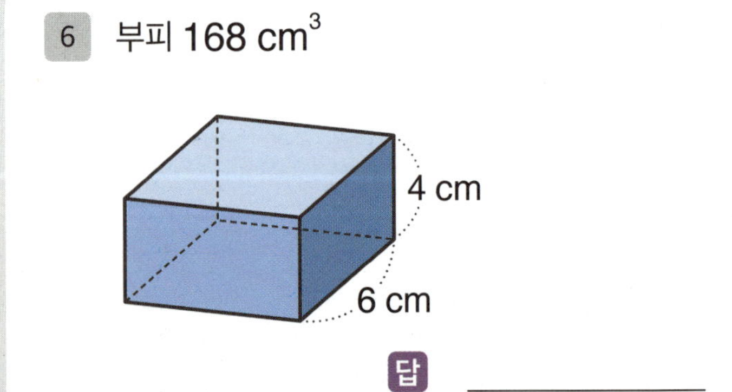

답 ______________

부피와 겉넓이 종합②

직육면체 모양의 물건입니다. 부피와 겉넓이를 구해 보세요.

1 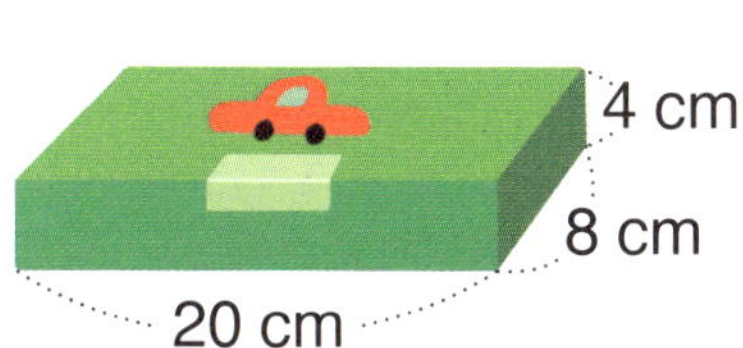

부피 ______________

겉넓이 ______________

4 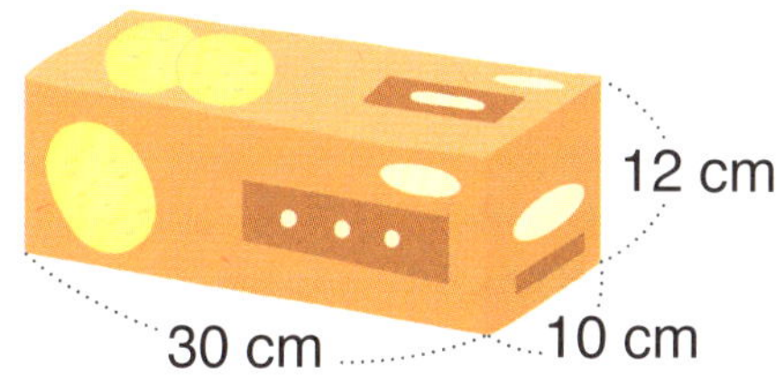

부피 ______________

겉넓이 ______________

2 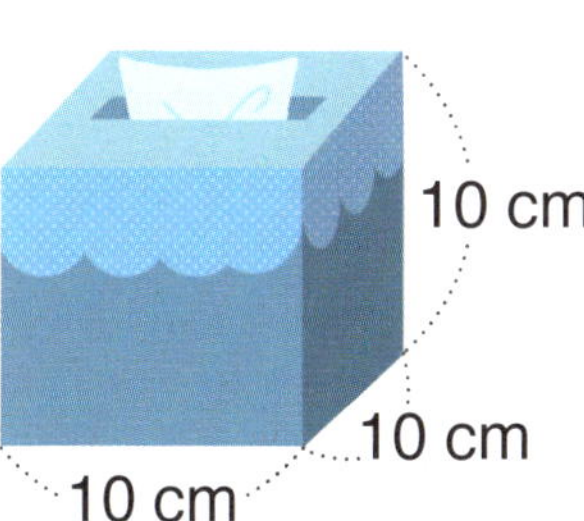

부피 ______________

겉넓이 ______________

5 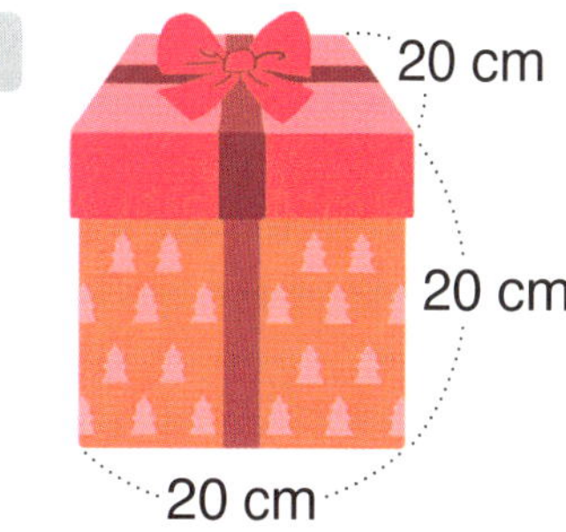

부피 ______________

겉넓이 ______________

3 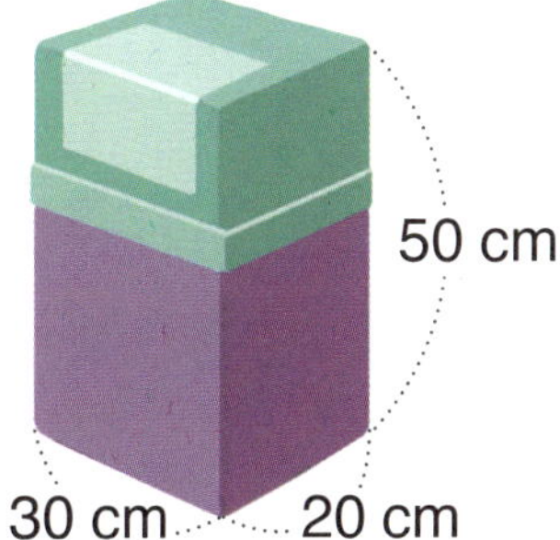

부피 ______________

겉넓이 ______________

6 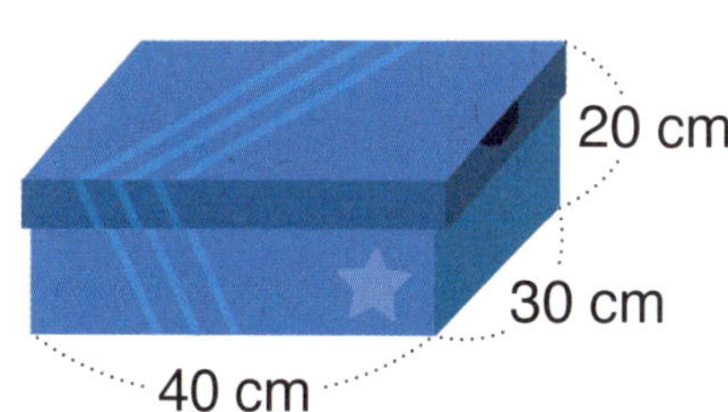

부피 ______________

겉넓이 ______________

돌의 부피 구하는 문제

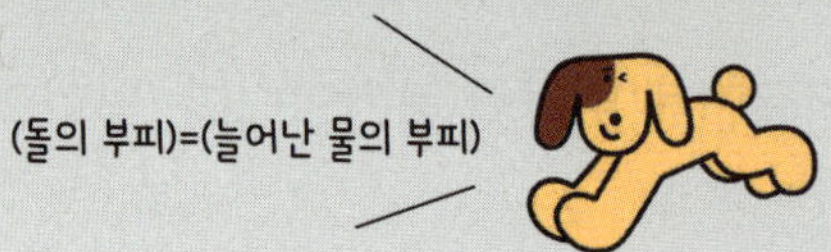

1 그림과 같이 물이 들어 있는 직육면체 모양의 수조에 돌을 완전히 잠기게 넣었더니 물의 높이가 5 cm만큼 높아졌습니다. 돌의 부피는 몇 cm^3인가요?

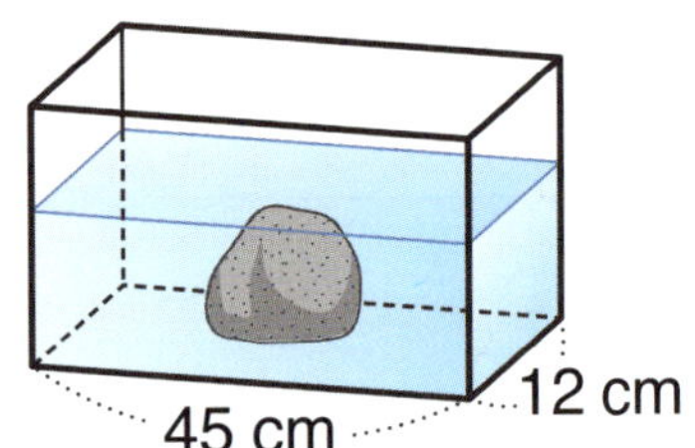

답 ____________________

2 그림과 같이 물이 들어 있는 직육면체 모양의 수조에 쇠구슬을 완전히 잠기게 넣었더니 물의 높이가 3 cm만큼 높아졌습니다. 쇠구슬의 부피는 몇 cm^3인가요?

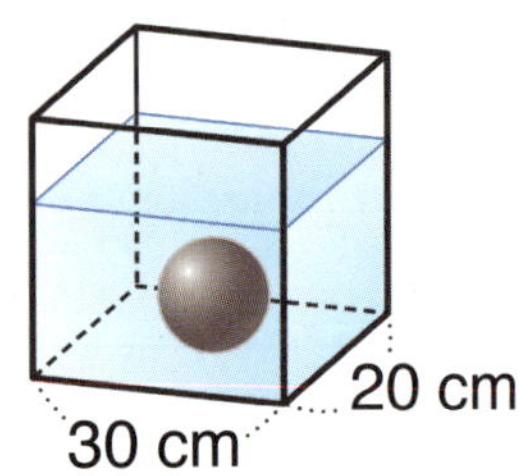

답 ____________________

3 그림과 같이 물이 10 cm 높이만큼 들어 있는 직육면체 모양의 수조에 돌을 완전히 잠기게 넣었더니 물의 높이가 14 cm가 되었습니다. 돌의 부피는 몇 cm^3인가요?

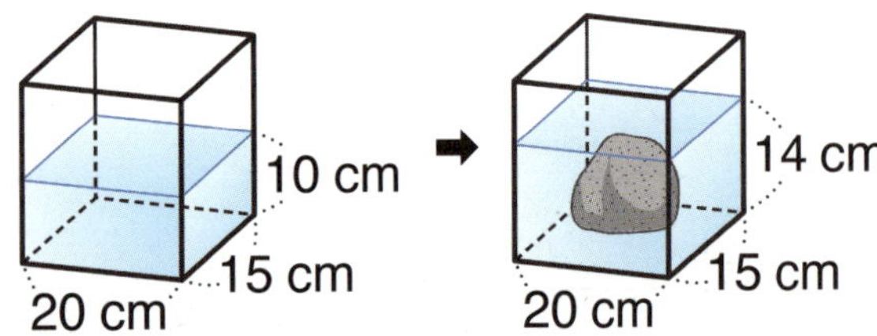

답 ____________________

50 마무리 확인

1 □ 안에 알맞은 수를 써넣으세요.

(1) $3 \text{ m}^3 = \boxed{} \text{ cm}^3$ (2) $4000000 \text{ cm}^3 = \boxed{} \text{ m}^3$

(3) $4.2 \text{ m}^3 = \boxed{} \text{ cm}^3$ (4) $1100000 \text{ cm}^3 = \boxed{} \text{ m}^3$

(5) $18 \text{ m}^3 = \boxed{} \text{ cm}^3$ (6) $56000000 \text{ cm}^3 = \boxed{} \text{ m}^3$

2 직육면체와 정육면체의 부피를 구해 보세요.

(1) 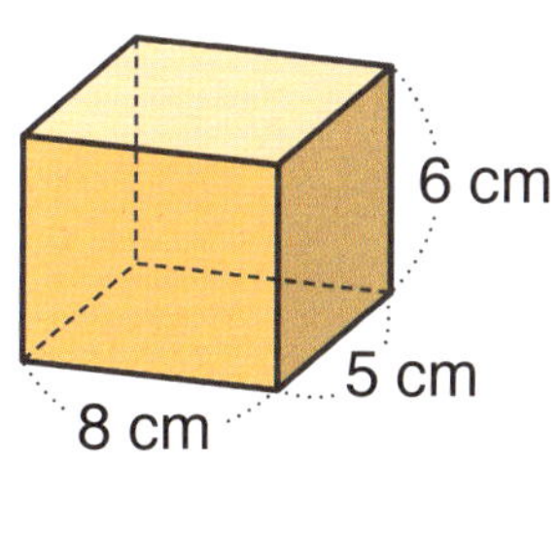

(2) 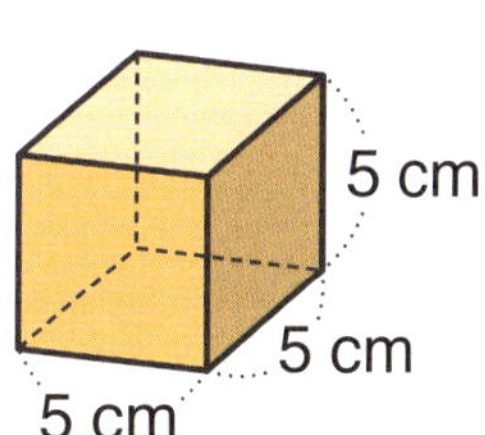

(3) 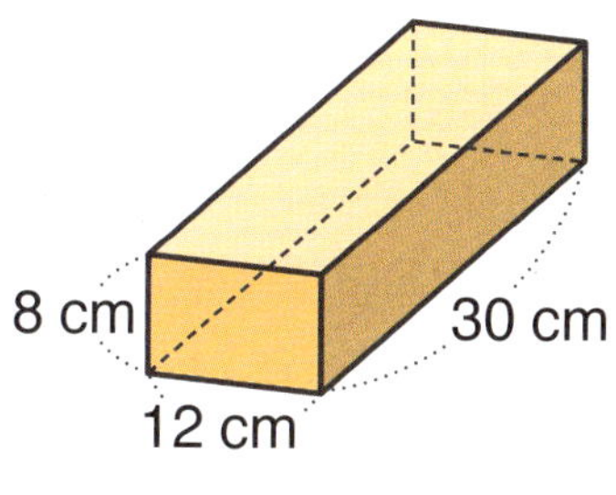

(　　　　　　)　　(　　　　　　)　　(　　　　　　)

3 직육면체와 정육면체의 겉넓이를 구해 보세요.

(1) 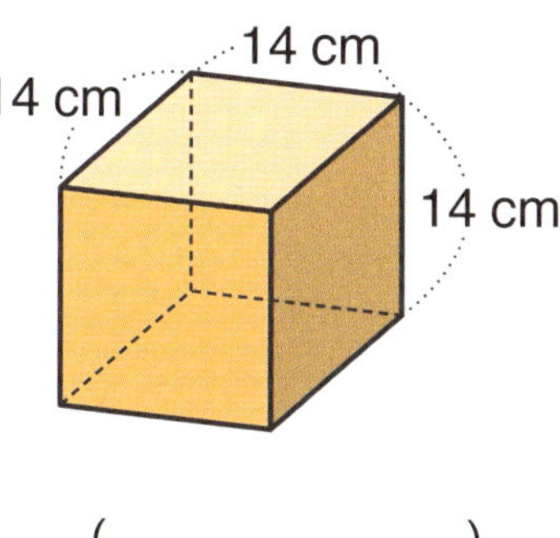

(2) 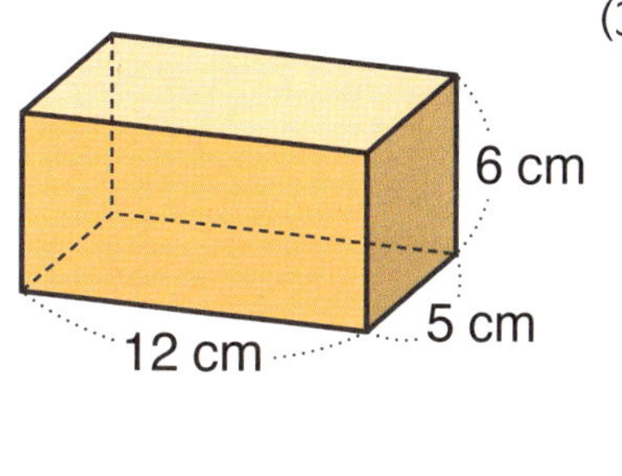

(3) 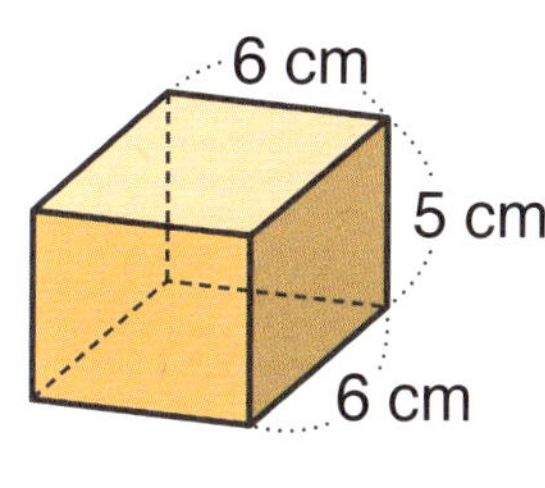

(　　　　　　)　　(　　　　　　)　　(　　　　　　)

응용평가 UP — 마무리 확인

4 크기를 비교하여 ○ 안에 >, =, <를 알맞게 써넣으세요.

(1) $7300000 \ cm^3$ ○ $73 \ m^3$

(2) $4.8 \ m^3$ ○ $35000000 \ cm^3$

5 전개도를 접어서 직육면체 모양의 상자를 만들었습니다. 이 상자의 겉넓이는 몇 cm^2인가요?

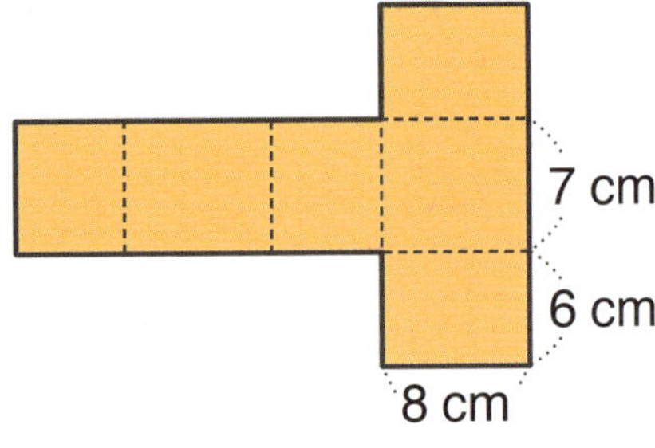

(   )

6 직육면체의 부피가 $160 \ cm^3$입니다. □ 안에 알맞은 수를 구해 보세요.

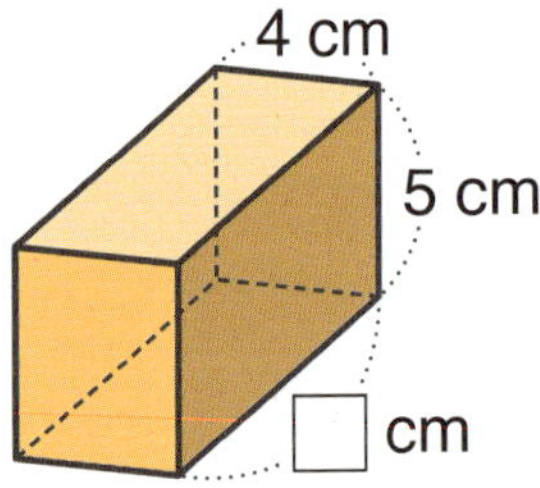

(   )

7 직육면체의 겉넓이가 $228 \ cm^2$입니다. □ 안에 알맞은 수를 구해 보세요.

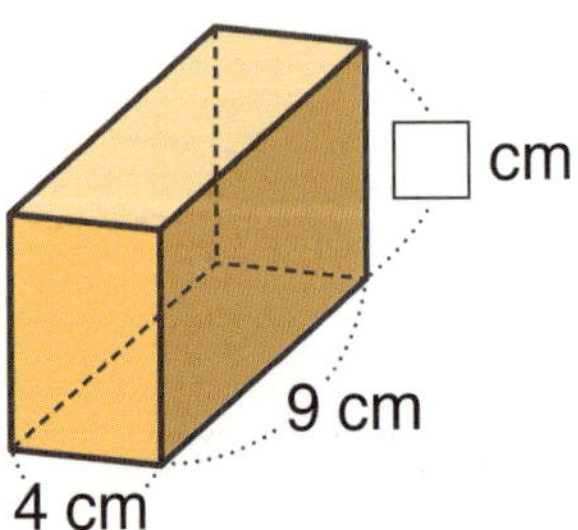

(   )

• 메모 •

다음 단계로
넘어갈까요?
화이팅!

앗!

본책의 정답과 풀이를 분실하셨나요?
길벗스쿨 홈페이지에 들어오시면 내려받으실 수 있습니다.
https://school.gilbut.co.kr/

기적의 계산법 응용 up

정답과 풀이

초등 6학년 11권

11
권

01 분수의 나눗셈

DAY 1

11쪽
12쪽

연산 UP

1. $\dfrac{2}{3}$
2. $\dfrac{1}{8}$
3. $\dfrac{5}{9}$
4. $\dfrac{5}{11}$
5. $\dfrac{1}{2}$
6. $\dfrac{2}{3}$
7. $\dfrac{3}{4}$
8. $\dfrac{2}{5}$
9. $\dfrac{6}{11}$
10. $\dfrac{1}{4}$
11. $\dfrac{3}{5}$
12. $\dfrac{1}{4}$
13. $\dfrac{6}{7}$
14. $\dfrac{5}{6}$

응용 UP

1. 식 $1 \div 9 = \dfrac{1}{9}$ 답 $\dfrac{1}{9}$ L
2. 식 $3 \div 4 = \dfrac{3}{4}$ 답 $\dfrac{3}{4}$ 개
3. 식 $10 \div 20 = \dfrac{1}{2}$ 답 $\dfrac{1}{2}$ L
4. 식 $2 \div 6 = \dfrac{1}{3}$ 답 $\dfrac{1}{3}$ m

DAY 2

13쪽
14쪽

연산 UP

1. $2\dfrac{1}{3}$
2. $2\dfrac{5}{8}$
3. $1\dfrac{4}{7}$
4. $2\dfrac{1}{2}$
5. $1\dfrac{2}{3}$
6. $4\dfrac{4}{5}$
7. $1\dfrac{3}{4}$
8. $1\dfrac{1}{4}$
9. $3\dfrac{1}{9}$
10. $4\dfrac{1}{3}$
11. $2\dfrac{1}{3}$
12. $1\dfrac{1}{2}$
13. $8\dfrac{1}{2}$
14. $1\dfrac{5}{6}$

응용 UP

1. $3\dfrac{3}{4}$ cm^2
2. $3\dfrac{1}{4}$ cm^2
3. $3\dfrac{3}{5}$ cm^2
4. $4\dfrac{1}{2}$ cm^2
5. $2\dfrac{5}{6}$ cm^2
6. $3\dfrac{5}{9}$ cm^2

응용 UP 3. $18 \div 5 = \dfrac{18}{5} = 3\dfrac{3}{5}\ (\text{cm}^2)$ 4. $9 \div 2 = \dfrac{9}{2} = 4\dfrac{1}{2}\ (\text{cm}^2)$

연산 UP

1 $\dfrac{2}{15}$

2 $\dfrac{5}{12}$

3 $\dfrac{2}{15}$

4 $\dfrac{2}{5}$

5 $\dfrac{4}{11}$

6 $1\dfrac{1}{3}$

7 $\dfrac{1}{4}$

8 $\dfrac{1}{14}$

9 $\dfrac{1}{24}$

10 $\dfrac{3}{4}$

11 $\dfrac{4}{9}$

12 $\dfrac{3}{8}$

13 $\dfrac{5}{26}$

14 $\dfrac{1}{12}$

응용 UP

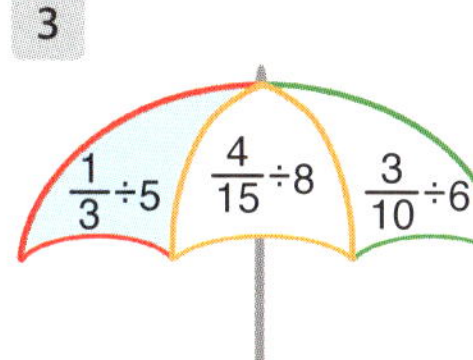

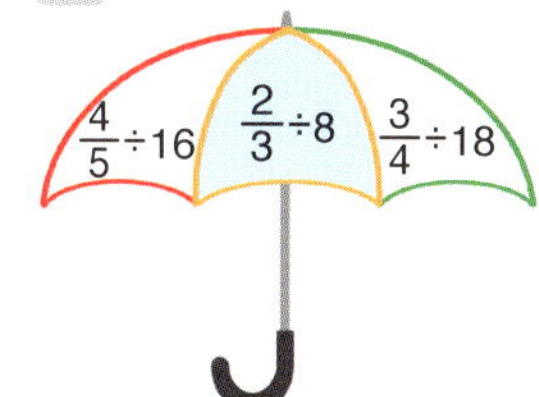

3

4

연산 UP

5 $\dfrac{16}{11}\div4=\dfrac{16}{11}\times\dfrac{1}{\overset{}{\underset{1}{4}}}=\dfrac{4}{11}$

6 $\dfrac{8}{3}\div2=\dfrac{8}{3}\times\dfrac{1}{\underset{1}{2}}=\dfrac{4}{3}=1\dfrac{1}{3}$

7 $\dfrac{5}{2}\div10=\dfrac{\overset{1}{5}}{2}\times\dfrac{1}{\underset{2}{10}}=\dfrac{1}{4}$

8 $\dfrac{3}{7}\div6=\dfrac{\overset{1}{3}}{7}\times\dfrac{1}{\underset{2}{6}}=\dfrac{1}{14}$

9 $\dfrac{7}{8}\div21=\dfrac{\overset{1}{7}}{8}\times\dfrac{1}{\underset{3}{21}}=\dfrac{1}{24}$

10 $\dfrac{15}{4}\div5=\dfrac{\overset{3}{15}}{4}\times\dfrac{1}{\underset{1}{5}}=\dfrac{3}{4}$

11 $\dfrac{28}{9}\div7=\dfrac{\overset{4}{28}}{9}\times\dfrac{1}{\underset{1}{7}}=\dfrac{4}{9}$

12 $\dfrac{9}{4}\div6=\dfrac{\overset{3}{9}}{4}\times\dfrac{1}{\underset{2}{6}}=\dfrac{3}{8}$

13 $\dfrac{10}{13}\div4=\dfrac{10}{13}\times\dfrac{1}{\underset{2}{4}}=\dfrac{5}{26}$

14 $\dfrac{2}{3}\div8=\dfrac{\overset{1}{2}}{3}\times\dfrac{1}{\underset{4}{8}}=\dfrac{1}{12}$

응용 UP

1 $\dfrac{6}{13}\div2=\dfrac{\overset{3}{6}}{13}\times\dfrac{1}{\underset{1}{2}}=\dfrac{3}{13}$, $\dfrac{8}{13}\div4=\dfrac{\overset{2}{8}}{13}\times\dfrac{1}{\underset{1}{4}}=\dfrac{2}{13}$, $\dfrac{9}{13}\div3=\dfrac{\overset{3}{9}}{13}\times\dfrac{1}{\underset{1}{3}}=\dfrac{3}{13}$

2 $\dfrac{18}{25}\div6=\dfrac{\overset{3}{18}}{25}\times\dfrac{1}{\underset{1}{6}}=\dfrac{3}{25}$, $\dfrac{12}{25}\div3=\dfrac{\overset{4}{12}}{25}\times\dfrac{1}{\underset{1}{3}}=\dfrac{4}{25}$, $\dfrac{16}{25}\div4=\dfrac{\overset{4}{16}}{25}\times\dfrac{1}{\underset{1}{4}}=\dfrac{4}{25}$

3 $\dfrac{1}{3}\div5=\dfrac{1}{3}\times\dfrac{1}{5}=\dfrac{1}{15}$, $\dfrac{4}{15}\div8=\dfrac{\overset{1}{4}}{15}\times\dfrac{1}{\underset{2}{8}}=\dfrac{1}{30}$, $\dfrac{3}{10}\div6=\dfrac{\overset{1}{3}}{10}\times\dfrac{1}{\underset{2}{6}}=\dfrac{1}{20}$

➡ $\dfrac{1}{15}>\dfrac{1}{20}>\dfrac{1}{30}$

4 $\dfrac{4}{5}\div16=\dfrac{\overset{1}{4}}{5}\times\dfrac{1}{\underset{4}{16}}=\dfrac{1}{20}$, $\dfrac{2}{3}\div8=\dfrac{\overset{1}{2}}{3}\times\dfrac{1}{\underset{4}{8}}=\dfrac{1}{12}$, $\dfrac{3}{4}\div18=\dfrac{\overset{1}{3}}{4}\times\dfrac{1}{\underset{6}{18}}=\dfrac{1}{24}$

➡ $\dfrac{1}{12}>\dfrac{1}{20}>\dfrac{1}{24}$

연산 UP

1 $\dfrac{4}{5}$

2 $2\dfrac{1}{3}$

3 $\dfrac{9}{16}$

4 $\dfrac{2}{9}$

5 $\dfrac{3}{7}$

6 $1\dfrac{7}{36}$

7 $\dfrac{1}{3}$

8 $\dfrac{9}{35}$

9 $\dfrac{7}{24}$

10 $\dfrac{17}{18}$

11 $\dfrac{1}{4}$

12 $\dfrac{7}{15}$

13 $1\dfrac{1}{2}$

14 $\dfrac{2}{5}$

응용 UP

1 $1\dfrac{1}{20},\ \dfrac{3}{16},\ 1\dfrac{5}{12}$

2 $1\dfrac{3}{4},\ \dfrac{11}{30},\ \dfrac{7}{48}$

연산 UP

5 $2\dfrac{4}{7}\div 6=\dfrac{18}{7}\div 6=\dfrac{\overset{3}{18}}{7}\times\dfrac{1}{\underset{1}{6}}=\dfrac{3}{7}$

6 $3\dfrac{7}{12}\div 3=\dfrac{43}{12}\div 3=\dfrac{43}{12}\times\dfrac{1}{3}=\dfrac{43}{36}=1\dfrac{7}{36}$

7 $1\dfrac{2}{3}\div 5=\dfrac{5}{3}\div 5=\dfrac{\overset{1}{5}}{3}\times\dfrac{1}{\underset{1}{5}}=\dfrac{1}{3}$

8 $1\dfrac{2}{7}\div 5=\dfrac{9}{7}\div 5=\dfrac{9}{7}\times\dfrac{1}{5}=\dfrac{9}{35}$

9 $1\dfrac{3}{4}\div 6=\dfrac{7}{4}\div 6=\dfrac{7}{4}\times\dfrac{1}{6}=\dfrac{7}{24}$

10 $2\dfrac{5}{6}\div 3=\dfrac{17}{6}\div 3=\dfrac{17}{6}\times\dfrac{1}{3}=\dfrac{17}{18}$

11 $3\dfrac{1}{2}\div 14=\dfrac{7}{2}\div 14=\dfrac{\overset{1}{7}}{2}\times\dfrac{1}{\underset{2}{14}}=\dfrac{1}{4}$

12 $1\dfrac{13}{15}\div 4=\dfrac{28}{15}\div 4=\dfrac{\overset{7}{28}}{15}\times\dfrac{1}{\underset{1}{4}}=\dfrac{7}{15}$

13 $4\dfrac{1}{2}\div 3=\dfrac{9}{2}\div 3=\dfrac{\overset{3}{9}}{2}\times\dfrac{1}{\underset{1}{3}}=\dfrac{3}{2}=1\dfrac{1}{2}$

14 $3\dfrac{1}{5}\div 8=\dfrac{16}{5}\div 8=\dfrac{\overset{2}{16}}{5}\times\dfrac{1}{\underset{1}{8}}=\dfrac{2}{5}$

응용 UP

1 4인분의 재료의 양을 4등분하면 1인분의 양입니다.

밀가루: $480\div 4=120$ (g), 우유: $4\dfrac{1}{5}\div 4=\dfrac{21}{5}\times\dfrac{1}{4}=\dfrac{21}{20}=1\dfrac{1}{20}$ (컵),

버터: $\dfrac{3}{4}\div 4=\dfrac{3}{4}\times\dfrac{1}{4}=\dfrac{3}{16}$ (컵), 설탕: $5\dfrac{2}{3}\div 4=\dfrac{17}{3}\times\dfrac{1}{4}=\dfrac{17}{12}=1\dfrac{5}{12}$ (컵)

2 6인분의 재료의 양을 6등분하면 1인분의 양입니다.

우유: $10\dfrac{1}{2}\div 6=\dfrac{\overset{7}{21}}{2}\times\dfrac{1}{\underset{2}{6}}=\dfrac{7}{4}=1\dfrac{3}{4}$ (컵), 초콜릿가루: $2\dfrac{1}{5}\div 6=\dfrac{11}{5}\times\dfrac{1}{6}=\dfrac{11}{30}$ (컵),

감자전분: $\dfrac{7}{8}\div 6=\dfrac{7}{8}\times\dfrac{1}{6}=\dfrac{7}{48}$ (컵)

연산 UP

1   $\dfrac{5}{8}$

2   $3\dfrac{1}{5}$

3   $1\dfrac{4}{5}$

4   $\dfrac{9}{40}$

5   $\dfrac{6}{7}$

6   $2\dfrac{4}{5}$

7   $\dfrac{1}{6}$

8   $\dfrac{2}{27}$

9   $\dfrac{1}{40}$

10   $\dfrac{2}{45}$

11   $\dfrac{11}{56}$

12   $2\dfrac{4}{7}$

13   $2\dfrac{3}{4}$

14   $2\dfrac{2}{5}$

응용 UP

1   $\dfrac{4}{5}$ L

2   $\dfrac{11}{36}$ L

3   $\dfrac{5}{8}$ m

4   $2\dfrac{1}{3}$ cm

연산 UP

7   $2\dfrac{1}{3} \div 14 = \dfrac{7}{3} \times \dfrac{1}{14} = \dfrac{1}{6}$

8   $\dfrac{8}{9} \div 12 = \dfrac{8}{9} \times \dfrac{1}{12} = \dfrac{2}{27}$

9   $\dfrac{1}{10} \div 4 = \dfrac{1}{10} \times \dfrac{1}{4} = \dfrac{1}{40}$

10   $\dfrac{14}{15} \div 21 = \dfrac{14}{15} \times \dfrac{1}{21} = \dfrac{2}{45}$

11   $\dfrac{11}{8} \div 7 = \dfrac{11}{8} \times \dfrac{1}{7} = \dfrac{11}{56}$

12   $10\dfrac{2}{7} \div 4 = \dfrac{72}{7} \times \dfrac{1}{4} = \dfrac{18}{7} = 2\dfrac{4}{7}$

13   $8\dfrac{1}{4} \div 3 = \dfrac{33}{4} \times \dfrac{1}{3} = \dfrac{11}{4} = 2\dfrac{3}{4}$

14   $9\dfrac{3}{5} \div 4 = \dfrac{48}{5} \times \dfrac{1}{4} = \dfrac{12}{5} = 2\dfrac{2}{5}$

응용 UP

1   (전체 주스의 양)$= 2\dfrac{4}{5} \times 2 = \dfrac{14}{5} \times 2 = \dfrac{28}{5}$ (L)

(하루에 마신 주스의 양)$=$ (전체 주스의 양)$\div 7 = \dfrac{28}{5} \div 7 = \dfrac{28}{5} \times \dfrac{1}{7} = \dfrac{4}{5}$ (L)

2   (전체 페인트의 양)$= \dfrac{5}{12} + \dfrac{1}{2} = \dfrac{5}{12} + \dfrac{6}{12} = \dfrac{11}{12}$ (L)

(한 통에 담은 페인트의 양)$=$ (전체 페인트의 양)$\div$ (빈 통의 수)$= \dfrac{11}{12} \div 3 = \dfrac{11}{12} \times \dfrac{1}{3} = \dfrac{11}{36}$ (L)

3   (남은 색 테이프의 길이)$= 2\dfrac{3}{4} - \dfrac{1}{4} = 2\dfrac{2}{4} = 2\dfrac{1}{2}$ (m)

(한 도막의 길이)$= 2\dfrac{1}{2} \div 4 = \dfrac{5}{2} \times \dfrac{1}{4} = \dfrac{5}{8}$ (m)

4   (정사각형의 둘레)$=$ (정삼각형의 둘레)$= 3\dfrac{1}{9} \times 3 = \dfrac{28}{9} \times 3 = \dfrac{28}{3}$ (cm)

(정사각형의 한 변의 길이)$= \dfrac{28}{3} \div 4 = \dfrac{28}{3} \times \dfrac{1}{4} = \dfrac{7}{3} = 2\dfrac{1}{3}$ (cm)

연산 UP

1. $\dfrac{7}{15}$

2. $\dfrac{1}{30}$

3. $\dfrac{1}{3}$

4. $\dfrac{1}{8}$

5. $1\dfrac{1}{12}$

6. $\dfrac{3}{20}$

7. $\dfrac{3}{8}$

8. $\dfrac{3}{7}$

9. $\dfrac{3}{16}$

10. $\dfrac{2}{9}$

11. $2\dfrac{8}{9}$

12. $\dfrac{3}{11}$

13. $\dfrac{3}{10}$

14. $\dfrac{11}{24}$

응용 UP

1. $\dfrac{14}{45}$ km

2. $\dfrac{5}{24}$ 시간

3. $\dfrac{5}{6}$ kg

4. $\dfrac{7}{8}$ m

연산 UP

3. $2\dfrac{1}{3}\div 7=\dfrac{\overset{1}{\cancel{7}}}{3}\times\dfrac{1}{\cancel{7}}=\dfrac{1}{3}$

4. $4\div 32=\dfrac{4}{32}=\dfrac{1}{8}$

5. $2\dfrac{1}{6}\div 2=\dfrac{13}{6}\times\dfrac{1}{2}=\dfrac{13}{12}=1\dfrac{1}{12}$

6. $\dfrac{9}{20}\div 3=\dfrac{\overset{3}{\cancel{9}}}{20}\times\dfrac{1}{\cancel{3}_{1}}=\dfrac{3}{20}$

7. $2\dfrac{1}{4}\div 6=\dfrac{\overset{3}{\cancel{9}}}{4}\times\dfrac{1}{\cancel{6}_{2}}=\dfrac{3}{8}$

8. $3\div 7=\dfrac{3}{7}$

9. $\dfrac{3}{8}\div 2=\dfrac{3}{8}\times\dfrac{1}{2}=\dfrac{3}{16}$

10. $1\dfrac{1}{9}\div 5=\dfrac{\overset{2}{\cancel{10}}}{9}\times\dfrac{1}{\cancel{5}_{1}}=\dfrac{2}{9}$

11. $26\div 9=\dfrac{26}{9}=2\dfrac{8}{9}$

12. $\dfrac{12}{11}\div 4=\dfrac{\overset{3}{\cancel{12}}}{11}\times\dfrac{1}{\cancel{4}_{1}}=\dfrac{3}{11}$

13. $2\dfrac{2}{5}\div 8=\dfrac{\overset{3}{\cancel{12}}}{5}\times\dfrac{1}{\cancel{8}_{2}}=\dfrac{3}{10}$

14. $4\dfrac{1}{8}\div 9=\dfrac{\overset{11}{\cancel{33}}}{8}\times\dfrac{1}{\cancel{9}_{3}}=\dfrac{11}{24}$

응용 UP

1. (1분 동안 달린 거리)=(달린 전체 거리)÷(걸린 시간)$=\dfrac{14}{3}\div 15=\dfrac{14}{3}\times\dfrac{1}{15}=\dfrac{14}{45}$ (km)

2. (1 km를 걷는 데 걸린 시간)=(전체 걸린 시간)÷(걸은 거리)$=\dfrac{5}{4}\div 6=\dfrac{5}{4}\times\dfrac{1}{6}=\dfrac{5}{24}$ (시간)

3. (1 m의 무게)=(전체 무게)÷(전체 길이)$=5\dfrac{5}{6}\div 7=\dfrac{\overset{5}{\cancel{35}}}{6}\times\dfrac{1}{\cancel{7}_{1}}=\dfrac{5}{6}$ (kg)

4. (1 kg의 길이)=(전체 길이)÷(전체 무게)$=4\dfrac{3}{8}\div 5=\dfrac{\overset{7}{\cancel{35}}}{8}\times\dfrac{1}{\cancel{5}_{1}}=\dfrac{7}{8}$ (m)

응용 UP

1 1, 2, 3	4 1, 2, 3, 4, 5
2 1, 2	5 1, 2, 3
3 8, 9	6 7, 8, 9

응용 UP

1. $\dfrac{\boxed{2}}{\boxed{3}} \div \boxed{5} = \dfrac{2}{15}$, $\dfrac{\boxed{2}}{\boxed{5}} \div \boxed{3} = \dfrac{2}{15}$

2. $\dfrac{\boxed{3}}{\boxed{4}} \div \boxed{8} = \dfrac{3}{32}$, $\dfrac{\boxed{3}}{\boxed{8}} \div \boxed{4} = \dfrac{3}{32}$

3. $\dfrac{\boxed{5}}{\boxed{2}} \div \boxed{3} = \dfrac{5}{6}$, $\dfrac{\boxed{5}}{\boxed{3}} \div \boxed{2} = \dfrac{5}{6}$

4. $\dfrac{\boxed{7}}{\boxed{5}} \div \boxed{4} = \dfrac{7}{20}$, $\dfrac{\boxed{7}}{\boxed{4}} \div \boxed{5} = \dfrac{7}{20}$

응용 UP

2. $\dfrac{17}{4} \div 2 = \dfrac{17}{4} \times \dfrac{1}{2} = \dfrac{17}{8} = 2\dfrac{1}{8} \Rightarrow 2\dfrac{1}{8} > \square$

　□ 안에 들어갈 수 있는 자연수는 1, 2입니다.

3. $2\dfrac{4}{5} \div 2 = \dfrac{\overset{7}{14}}{5} \times \dfrac{1}{\underset{1}{2}} = \dfrac{7}{5} \Rightarrow \dfrac{\square}{5} > \dfrac{7}{5}$

　□ 안에 들어갈 수 있는 자연수는 8, 9입니다.

4. $\dfrac{18}{23} \div 3 = \dfrac{\overset{6}{18}}{23} \times \dfrac{1}{\underset{1}{3}} = \dfrac{6}{23} \Rightarrow \dfrac{\square}{23} < \dfrac{6}{23}$

　□ 안에 들어갈 수 있는 자연수는 1, 2, 3, 4, 5입니다.

5. $9\dfrac{3}{8} \div 3 = \dfrac{\overset{25}{75}}{8} \times \dfrac{1}{\underset{1}{3}} = \dfrac{25}{8} = 3\dfrac{1}{8} \Rightarrow 3\dfrac{1}{8} > \square$

　□ 안에 들어갈 수 있는 자연수는 1, 2, 3입니다.

6. $12\dfrac{2}{3} \div 2 = \dfrac{\overset{19}{38}}{3} \times \dfrac{1}{\underset{1}{2}} = \dfrac{19}{3} = 6\dfrac{1}{3} \Rightarrow \square > 6\dfrac{1}{3}$

　□ 안에 들어갈 수 있는 자연수는 7, 8, 9입니다.

응용 UP   계산 결과가 가장 작으려면 분자에 가장 작은 수가 오고, 남은 두 수의 곱이 분모에 와야 합니다.

1. $\dfrac{2}{3} \div 5 = \dfrac{2}{3} \times \dfrac{1}{5} = \dfrac{2}{15}$, $\dfrac{2}{5} \div 3 = \dfrac{2}{5} \times \dfrac{1}{3} = \dfrac{2}{15}$

2. $\dfrac{3}{4} \div 8 = \dfrac{3}{4} \times \dfrac{1}{8} = \dfrac{3}{32}$, $\dfrac{3}{8} \div 4 = \dfrac{3}{8} \times \dfrac{1}{4} = \dfrac{3}{32}$

계산 결과가 가장 크려면 분자에 가장 큰 수가 오고, 남은 두 수의 곱이 분모에 와야 합니다.

3. $\dfrac{5}{2} \div 3 = \dfrac{5}{2} \times \dfrac{1}{3} = \dfrac{5}{6}$, $\dfrac{5}{3} \div 2 = \dfrac{5}{3} \times \dfrac{1}{2} = \dfrac{5}{6}$

4. $\dfrac{7}{5} \div 4 = \dfrac{7}{5} \times \dfrac{1}{4} = \dfrac{7}{20}$, $\dfrac{7}{4} \div 5 = \dfrac{7}{4} \times \dfrac{1}{5} = \dfrac{7}{20}$

응용 UP

1. $\dfrac{4}{5}$ 4. $\dfrac{3}{8}$

2. $\dfrac{1}{12}$ 5. $\dfrac{5}{17}$

3. $1\dfrac{3}{7}$ 6. $\dfrac{2}{3}$

응용 UP

1. $\dfrac{1}{16}$ 3. $\dfrac{1}{10}$

2. $\dfrac{1}{2}$ 4. $\dfrac{2}{63}$

응용 UP

2. $10 \times \square = \dfrac{5}{6} \ \Rightarrow \ \square = \dfrac{5}{6} \div 10$

$$\square = \dfrac{\overset{1}{\cancel{5}}}{6} \times \dfrac{1}{\underset{2}{\cancel{10}}} = \dfrac{1}{12}$$

4. $\square \times 2 = \dfrac{3}{4} \ \Rightarrow \ \square = \dfrac{3}{4} \div 2$

$$\square = \dfrac{3}{4} \times \dfrac{1}{2} = \dfrac{3}{8}$$

6. $3\dfrac{1}{3} = \square \times 5 \ \Rightarrow \ \square = 3\dfrac{1}{3} \div 5$

$$\square = \dfrac{\overset{2}{\cancel{10}}}{3} \times \dfrac{1}{\underset{1}{\cancel{5}}} = \dfrac{2}{3}$$

3. $\square \times 6 = 8\dfrac{4}{7} \ \Rightarrow \ \square = 8\dfrac{4}{7} \div 6$

$$\square = \dfrac{\overset{10}{\cancel{60}}}{7} \times \dfrac{1}{\underset{1}{\cancel{6}}} = \dfrac{10}{7} = 1\dfrac{3}{7}$$

5. $4 \times \square = 1\dfrac{3}{17} \ \Rightarrow \ \square = \dfrac{20}{17} \div 4$

$$\square = \dfrac{\overset{5}{\cancel{20}}}{17} \times \dfrac{1}{\underset{1}{\cancel{4}}} = \dfrac{5}{17}$$

응용 UP

1. 어떤 분수를 □라고 하면 □$\times 6 = \dfrac{3}{8}$입니다.

$\square = \dfrac{3}{8} \div 6$, $\square = \dfrac{\overset{1}{\cancel{3}}}{8} \times \dfrac{1}{\underset{2}{\cancel{6}}} = \dfrac{1}{16}$이므로 어떤 분수는 $\dfrac{1}{16}$입니다.

2. 어떤 분수를 □라고 하면 □$\times 3 = 1\dfrac{1}{2}$입니다.

$\square = 1\dfrac{1}{2} \div 3$, $\square = \dfrac{\overset{1}{\cancel{3}}}{2} \times \dfrac{1}{\underset{1}{\cancel{3}}} = \dfrac{1}{2}$이므로 어떤 분수는 $\dfrac{1}{2}$입니다.

3. 어떤 분수를 □라고 하면 □$\times 4 = \dfrac{2}{5}$입니다.

$\square = \dfrac{2}{5} \div 4$, $\square = \dfrac{\overset{1}{\cancel{2}}}{5} \times \dfrac{1}{\underset{2}{\cancel{4}}} = \dfrac{1}{10}$이므로 어떤 분수는 $\dfrac{1}{10}$입니다.

4. 어떤 분수를 □라고 하면 잘못 계산한 식은 □$\times 7 = \dfrac{14}{9}$입니다.

$\square = \dfrac{14}{9} \div 7$, $\square = \dfrac{\overset{2}{\cancel{14}}}{9} \times \dfrac{1}{\underset{1}{\cancel{7}}} = \dfrac{2}{9}$이므로 어떤 분수는 $\dfrac{2}{9}$입니다.

바르게 계산하면 $\dfrac{2}{9} \div 7 = \dfrac{2}{9} \times \dfrac{1}{7} = \dfrac{2}{63}$입니다.

1 (1) $\dfrac{7}{25}$　(2) $\dfrac{4}{11}$　(3) $\dfrac{3}{4}$

　　(4) $\dfrac{4}{5}$　(5) $1\dfrac{3}{4}$　(6) $2\dfrac{1}{2}$

2 (1) $\dfrac{5}{24}$　(2) $\dfrac{2}{35}$　(3) $\dfrac{11}{16}$

　　(4) $\dfrac{5}{8}$　(5) $\dfrac{3}{5}$　(6) $\dfrac{1}{3}$

3 (1) $1\dfrac{3}{4}$　(2) $\dfrac{5}{12}$

4 식 $\dfrac{42}{5} \div 3 = 2\dfrac{4}{5}$　답 $2\dfrac{4}{5}$ cm

5 식 $2\dfrac{5}{8} \div 30 = \dfrac{7}{80}$　답 $\dfrac{7}{80}$ km

6 8

7 $\dfrac{3}{56}$

---

1 (3) $9 \div 12 = \dfrac{9}{12} = \dfrac{3}{4}$　(4) $8 \div 10 = \dfrac{8}{10} = \dfrac{4}{5}$

　　(5) $7 \div 4 = \dfrac{7}{4} = 1\dfrac{3}{4}$　(6) $15 \div 6 = \dfrac{15}{6} = \dfrac{5}{2} = 2\dfrac{1}{2}$

2 (1) $\dfrac{5}{6} \div 4 = \dfrac{5}{6} \times \dfrac{1}{4} = \dfrac{5}{24}$　(2) $\dfrac{2}{7} \div 5 = \dfrac{2}{7} \times \dfrac{1}{5} = \dfrac{2}{35}$　(3) $\dfrac{11}{4} \div 4 = \dfrac{11}{4} \times \dfrac{1}{4} = \dfrac{11}{16}$

　　(4) $\dfrac{15}{8} \div 3 = \dfrac{\overset{5}{15}}{8} \times \dfrac{1}{\underset{1}{3}} = \dfrac{5}{8}$　(5) $1\dfrac{1}{5} \div 2 = \dfrac{\overset{3}{6}}{5} \times \dfrac{1}{\underset{1}{2}} = \dfrac{3}{5}$　(6) $2\dfrac{2}{3} \div 8 = \dfrac{\overset{1}{8}}{3} \times \dfrac{1}{\underset{1}{8}} = \dfrac{1}{3}$

3 (1) $\dfrac{7}{2} \div 2 = \dfrac{7}{2} \times \dfrac{1}{2} = \dfrac{7}{4} = 1\dfrac{3}{4}$　(2) $1\dfrac{1}{4} \div 3 = \dfrac{5}{4} \times \dfrac{1}{3} = \dfrac{5}{12}$

4 (한 변의 길이) $= \dfrac{42}{5} \div 3 = \dfrac{\overset{14}{42}}{5} \times \dfrac{1}{\underset{1}{3}} = \dfrac{14}{5} = 2\dfrac{4}{5}$ (cm)

5 (1분 동안 걸은 거리) $= 2\dfrac{5}{8} \div 30 = \dfrac{\overset{7}{21}}{8} \times \dfrac{1}{\underset{10}{30}} = \dfrac{7}{80}$ (km)

6 $2\dfrac{7}{10} \div 3 = \dfrac{\overset{9}{27}}{10} \times \dfrac{1}{\underset{1}{3}} = \dfrac{9}{10}$ 이므로 $\dfrac{9}{10} > \dfrac{\square}{10}$ 입니다.

$\square$ 안에 들어갈 수 있는 가장 큰 자연수는 8입니다.

7 어떤 분수를 $\square$라고 하면 잘못 계산한 식은 $\square \times 4 = \dfrac{6}{7}$ 입니다.

$\square = \dfrac{6}{7} \div 4$, $\square = \dfrac{\overset{3}{6}}{7} \times \dfrac{1}{\underset{2}{4}} = \dfrac{3}{14}$ 이므로 어떤 분수는 $\dfrac{3}{14}$ 입니다.

바르게 계산하면 $\dfrac{3}{14} \div 4 = \dfrac{3}{14} \times \dfrac{1}{4} = \dfrac{3}{56}$ 입니다.

DAY 10
33쪽
34쪽

연산 UP

1	사각기둥
2	사각뿔
3	오각기둥
4	팔각기둥
5	칠각뿔
6	육각기둥
7	오각뿔
8	삼각뿔
9	삼각기둥
10	육각뿔
11	칠각기둥
12	팔각뿔

응용 UP

1	삼각기둥
2	사각기둥
3	육각기둥
4	삼각뿔
5	오각뿔
6	팔각뿔

응용 UP

1 옆면이 직사각형이고, 밑면이 삼각형이므로 삼각기둥입니다.

4 옆면이 삼각형이고, 밑면이 삼각형이므로 삼각뿔입니다.

DAY 11
35쪽
36쪽

연산 UP

1	3, 6, 5, 9
2	4, 8, 6, 12
3	5, 10, 7, 15
4	4, 5, 5, 8
5	5, 6, 6, 10
6	6, 7, 7, 12

응용 UP

1	사각기둥
2	오각기둥
3	삼각뿔
4	육각뿔

응용 UP

1 각기둥의 꼭짓점의 수는 한 밑면의 변의 수의 2배이므로
(한 밑면의 변의 수)=8÷2=4(개)입니다.
따라서 밑면이 사각형인 사각기둥입니다.

3 각뿔의 꼭짓점의 수는 밑면의 변의 수보다 1 큰 수이므로
(밑면의 변의 수)=4-1=3(개)입니다.
따라서 밑면이 삼각형인 삼각뿔입니다.

2 각기둥의 모서리의 수는 한 밑면의 변의 수의 3배이므로
(한 밑면의 변의 수)=15÷3=5(개)입니다.
따라서 밑면이 오각형인 오각기둥입니다.

4 각뿔의 모서리의 수는 밑면의 변의 수의 2배이므로
(밑면의 변의 수)=12÷2=6(개)입니다.
따라서 밑면이 육각형인 육각뿔입니다.

연산 UP

1 (○) (○) (　　)
2 (　　) (○) (○)
3 (○) (　　) (○)
4 (○) (○) (　　)

응용 UP

1 54 cm
2 48 cm
3 92 cm

응용 UP

1 (선분 ㅈㅇ)=6 cm이므로

   (선분 ㄱㅅ)=8+6+4=18(cm)입니다.

   (사각형 ㄱㄴㅂㅅ의 둘레)=18+9+18+9=54(cm)

2 전개도의 둘레에는 5 cm짜리 선분이 4개, 2 cm짜리 선분이 8개, 6 cm짜리 선분이 2개 있으므로

   (전개도의 둘레)=5×4+2×8+6×2=20+16+12=48(cm)입니다.

3 전개도의 둘레에는 4 cm짜리 선분이 8개, 6 cm짜리 선분이 10개 있으므로

   (전개도의 둘레)=4×8+6×10=32+60=92(cm)입니다.

1 (1) 육각뿔　　(2) 삼각뿔　　(3) 삼각기둥
　　(4) 사각기둥　　(5) 육각기둥　　(6) 사각뿔
2 (1) 8, 6, 12　　(2) 12, 8, 18　　(3) 4, 4, 6
　　(4) 6, 6, 10　　(5) 9, 9, 16

3 4개
4 오각뿔
5 6개
6 (왼쪽부터) 3, 5, 8, 3

2 (1) 사각기둥의 한 밑면의 변의 수는 4개입니다.

　　➡ (꼭짓점의 수)=4×2=8(개), (면의 수)=4+2=6(개), (모서리의 수)=4×3=12(개)

　　(3) 삼각뿔의 밑면의 변의 수는 3개입니다.

　　➡ (꼭짓점의 수)=3+1=4(개), (면의 수)=3+1=4(개), (모서리의 수)=3×2=6(개)

3 육각기둥의 옆면은 6개이고, 밑면은 2개이므로 차는 6−2=4(개)입니다.

4 옆면이 5개인 각뿔은 오각뿔입니다.

5 각기둥의 모서리의 수는 한 밑면의 변의 수의 3배이므로

　　(한 밑면의 변의 수)=12÷3=4(개)입니다.

　　따라서 사각기둥이므로 면의 수는 4+2=6(개)입니다.

03 소수의 나눗셈

DAY 14

45쪽
46쪽

연산 UP

1 12.2, 1.22
2 21.2, 2.12
3 23.3, 2.33
4 43.2, 4.32
5 131, 13.1, 1.31
6 342, 34.2, 3.42
7 102, 10.2, 1.02
8 312, 31.2, 3.12

응용 UP

1 9.63
2 48.4
3 1.13
4 3.43
5 6.06
6 82.6
7 3.22
8 1.11
9 4.48
10 3.66

DAY 15

47쪽
48쪽

연산 UP

1 3.8
2 1.6
3 4.25
4 1.7
5 2.5
6 4.16
7 2.4
8 12.3
9 13.44

응용 UP

1 식 $12.75 \div 3 = 4.25$　답 4.25 L
2 식 $7.28 \div 4 = 1.82$　답 1.82 cm
3 식 $8.52 \div 6 = 1.42$　답 1.42배
4 1.6배

DAY 16

49쪽
50쪽

연산 UP

1 0.98
2 0.87
3 0.76
4 0.42
5 0.63
6 0.73
7 0.52
8 0.38
9 0.64
10 0.83
11 0.65

응용 UP

1 0.25 L
2 0.83 kg
3 0.76 kg
4 0.73 L

응용 UP　4 (벽면의 넓이) $= 4 \times 2 = 8 (\text{m}^2)$

➡ (벽면 $1\,\text{m}^2$를 칠하는 데 사용한 페인트의 양) $=$ (사용한 전체 페인트의 양) $\div$ (벽면의 넓이)

$= 5.84 \div 8 = 0.73 (\text{L})$

연산 UP

1	1.24	4	2.26	7	4.25
2	1.75	5	3.85	8	3.65
3	1.98	6	4.65	9	0.85

응용 UP

1 당근
2 월드마트
3 참외

응용 UP

1 당근 한 개 무게의 평균: $1.83 \div 3 = 0.61 (kg)$

가지 한 개 무게의 평균: $2.2 \div 4 = 0.55 (kg)$

➡ $0.61 > 0.55$이므로 당근 한 개의 무게가 더 무겁다고 할 수 있습니다.

2 싱싱마트의 사과 한 개 무게의 평균: $2.7 \div 6 = 0.45 (kg)$

월드마트의 사과 한 개 무게의 평균: $2.3 \div 4 = 0.575 (kg)$

➡ $0.45 < 0.575$이므로 월드마트 사과 한 개의 무게가 더 무겁다고 할 수 있습니다.

3 (참외 2개의 무게)$=1.5 - 0.2 = 1.3 (kg)$, (참외 1개의 무게)$=1.3 \div 2 = 0.65 (kg)$

(복숭아 5개의 무게)$=3.3 - 0.2 = 3.1 (kg)$, (복숭아 1개의 무게)$=3.1 \div 5 = 0.62 (kg)$

➡ $0.65 > 0.62$이므로 참외 1개의 무게가 더 무겁습니다.

연산 UP

1	1.07	4	1.07	7	2.08
2	1.06	5	6.03	8	1.04
3	1.04	6	2.05	9	3.06

응용 UP

1 **이유** 예 3이 4보다 작으므로 몫의 소수 첫째 자리에 0을 써야 하는데 0을 쓰지 않았습니다.

바른 계산

$$
\begin{array}{r}
2.08 \\
4\,\overline{)\,8.32} \\
8 \\
\hline
3\ 2 \\
3\ 2 \\
\hline
0
\end{array}
$$

2 **이유** 예 나누어지는 수가 나누는 수보다 작으므로 몫이 1보다 작아야 합니다. 따라서 몫의 일의 자리에 0을 쓰고 소수점을 찍어야 하는데 소수점의 위치가 잘못되었습니다.

바른 계산

$$
\begin{array}{r}
0.93 \\
6\,\overline{)\,5.58} \\
5\ 4 \\
\hline
1\ 8 \\
1\ 8 \\
\hline
0
\end{array}
$$

3 **이유** 예 몫의 소수점은 나누어지는 수의 소수점의 위치와 같게 찍어야 하는데 소수점의 위치가 잘못되었습니다.

바른 계산

$$
\begin{array}{r}
1.21 \\
7\,\overline{)\,8.47} \\
7 \\
\hline
1\ 4 \\
1\ 4 \\
\hline
7 \\
7 \\
\hline
0
\end{array}
$$

연산 UP

1	1.2	4	4.5	7	1.25
2	0.25	5	2.75	8	3.6
3	4.5	6	0.28	9	5.25

응용 UP

1. 1.2 kg
2. 0.5 L
3. 1.75 kg
4. 0.15 kg

응용 UP

1. (과자 상자 한 개의 무게의 평균)=(전체 무게)÷(상자 수)=6÷5=1.2(kg)
2. (한 병에 담을 양)=(전체 매실액의 양)÷(병의 수)=2÷4=0.5(L)
3. (한 봉지에 담을 양)=(전체 쌀의 양)÷(봉지 수)=14÷8=1.75(kg)
4. (귤의 수)=15×4=60(개)

   (귤 한 개의 무게의 평균)=(전체 무게)÷(귤의 수)=9÷60=0.15(kg)

연산 UP

1	0.75	4	3.5	7	3.2
2	1.5	5	1.5	8	6.5
3	0.32	6	2.75	9	13.4

응용 UP

1. 0.75 m
2. 3.4 m
3. 2.5 m

응용 UP

1. 그림과 같이 모종 5개를 같은 간격으로 심으려면 3 m를 4등분 해야 합니다.

   따라서 모종과 모종 사이의 간격은 3÷4=0.75(m)입니다.
2. 그림과 같이 나무 6그루를 같은 간격으로 심으려면 17 m를 5등분 해야 합니다.

   따라서 나무와 나무 사이의 간격은 17÷5=3.4(m)입니다.
3. 그림과 같이 깃발 17개를 같은 간격으로 세우려면 40 m를 16등분 해야 합니다.

   따라서 깃발과 깃발 사이의 간격은 40÷16=2.5(m)입니다.

연산 UP

1	21.4	4	0.76	7	0.45
2	4.09	5	3.5	8	0.35
3	12.8	6	13.54	9	3.75

응용 UP

1. 2.2 km
2. 0.31 km
3. 1.65분
4. 4.08 km

응용 UP

2. (1분 동안 달린 거리)=(전체 거리)÷(걸린 시간)=6.2÷20=0.31(km)
3. (1바퀴 도는 데 걸린 시간)=(걸린 시간)÷(바퀴 수)=6.6÷4=1.65(분)
4. (1분 동안 달린 거리)=15.3÷15=1.02(km)

   (4분 동안 달린 거리)=1.02×4=4.08(km)

<table>
<tr><td colspan="2">

연산 UP

</td><td>

응용 UP

</td><td>

DAY 22

61쪽
62쪽

</td></tr>
</table>

연산 UP

1	9.28	4	4.17	7	0.62
2	1.69	5	4.55	8	1.38
3	2.74	6	7.08	9	1.56

응용 UP

1. 1.06 m
2. 4.54 m
3. 0.57 m
4. 0.72 m

응용 UP

1. (한 변의 길이)=(둘레)÷(변의 수)
   =$5.3 \div 5 = 1.06$(m)
2. (한 변의 길이)=(둘레)÷(변의 수)
   =$36.32 \div 8 = 4.54$(m)
3. 삼각뿔의 모서리 수는 6개이므로 한 모서리의 길이는 $3.42 \div 6 = 0.57$(m)입니다.
4. 사각기둥의 모서리 수는 12개이므로 한 모서리의 길이는 $8.64 \div 12 = 0.72$(m)입니다.

연산 UP

1	3.4	4	1.8	7	0.25
2	0.13	5	0.89	8	0.66
3	1.35	6	11.6	9	2.08

응용 UP

1. 16.2 km
2. (나) 자동차

DAY 23

63쪽
64쪽

응용 UP

1. (휘발유 1 L로 갈 수 있는 거리)=(갈 수 있는 거리)÷(휘발유의 양)
   =$405 \div 25 = 16.2$(km)
2. 휘발유 1 L로 갈 수 있는 거리를 비교해 봅니다.

   (가) 자동차: $96.4 \div 8 = 12.05$(km)

   (나) 자동차: $79.62 \div 6 = 13.27$(km)

   (다) 자동차: $55.2 \div 5 = 11.04$(km)

   따라서 $13.27 > 12.05 > 11.04$이므로 연비가 가장 높은 자동차는 (나) 자동차입니다.

연산 UP

1	9.82	4	0.89	7	7.5	
2	8.92	5	0.85	8	0.05	
3	0.64	6	8.04	9	3.24	

응용 UP

1 150초

2 45초

3 오전 9시 1분 36초

응용 UP

1 일주일은 7일이므로 시계는 하루에 $17.5 \div 7 = 2.5$(분)씩 늦어집니다.

2.5분$=2.5 \times 60$초$=150$초

따라서 하루에 150초씩 늦어집니다.

2 시계는 하루에 $3 \div 4 = 0.75$(분)씩 빨라집니다.

0.75분$=0.75 \times 60$초$=45$초

따라서 하루에 45초씩 빨라집니다.

3 시계는 하루에 $8 \div 5 = 1.6$(분)씩 빨라집니다.

1.6분$=1$분$+0.6$분이고 0.6분은 $0.6 \times 60 = 36$(초)이므로 하루에 1분 36초씩 빨라집니다.

따라서 하루가 지난 내일 오전 9시에 이 시계가 가리키는 시각은

오전 9시$+1$분 36초$=$오전 9시 1분 36초입니다.

응용 UP

1	2.32	6	2.72	
2	12.1	7	0.65	
3	1.24	8	0.62	
4	0.29	9	1.75	
5	3.05	10	2.05	

응용 UP

1 5.7

2 7.08

3 2.75

4 1.08

응용 UP

2 $\square \times 4 = 48.4$

➡ $48.4 \div 4 = \square$, $\square = 12.1$

6 $8 \times \square = 21.76$

➡ $21.76 \div 8 = \square$, $\square = 2.72$

응용 UP

1 어떤 수를 $\square$라고 하면 $\square \times 6 = 34.2$입니다.

$\square = 34.2 \div 6 = 5.7$, 따라서 어떤 수는 5.7입니다.

2 어떤 수를 $\square$라고 하면 $\square \times 5 = 35.4$입니다.

$\square = 35.4 \div 5 = 7.08$, 따라서 어떤 수는 7.08입니다.

3 어떤 수를 $\square$라고 하면 잘못 곱한 식은 $\square \times 4 = 44$입니다.

$\square = 44 \div 4 = 11$, 따라서 바르게 계산하면 몫은 $11 \div 4 = 2.75$입니다.

4 어떤 수를 $\square$라고 하면 잘못 곱한 식은 $\square \times 3 = 9.72$입니다.

$\square = 9.72 \div 3 = 3.24$, 따라서 바르게 계산하면 몫은 $3.24 \div 3 = 1.08$입니다.

응용 UP

1	2개	3	3개
2	4개	4	4개

응용 UP

1 식 $\boxed{3} \div \boxed{8} = 0.375$

바로개념 작을수록에 ○표, 클수록에 ○표

2 식 $\boxed{9} \div \boxed{5} = 1.8$

바로개념 클수록에 ○표, 작을수록에 ○표

3 식 $\boxed{1}.\boxed{2}\,\boxed{4} \div \boxed{8} = 0.155$

응용 UP

1 $58.72 \div 8 = 7.34$이므로 $7.34 < \blacksquare$입니다.

$\blacksquare$에 알맞은 수는 8, 9이므로 모두 2개입니다.

2 $21.4 \div 5 = 4.28$이므로 $4.28 > \blacksquare$입니다.

$\blacksquare$에 알맞은 수는 1, 2, 3, 4이므로 모두 4개입니다.

3 $26 \div 4 = 6.5$이므로 $\blacksquare > 6.5$입니다.

$\blacksquare$에 알맞은 수는 7, 8, 9이므로 모두 3개입니다.

4 $3.48 \div 6 = 0.58$이므로 $0.58 < 0.\blacksquare 2$입니다.

$\blacksquare$에 알맞은 수는 6, 7, 8, 9이므로 모두 4개입니다.

응용 UP

1 몫이 가장 작으려면 가장 작은 수를 가장 큰 수로 나누어야 합니다.

➡ $3 \div 8 = 0.375$

2 몫이 가장 크려면 가장 큰 수를 가장 작은 수로 나누어야 합니다.

➡ $9 \div 5 = 1.8$

3 몫이 가장 작으려면 소수 두 자리 수를 가장 작게 만들어 가장 큰 수로 나눕니다.

➡ $1.24 \div 8 = 0.155$

1 (1) 314, 31.4　(2) 80, 0.8

2 (1) 1.7　(2) 0.68　(3) 2.95
　　(4) 0.54　(5) 1.09　(6) 3.5

3 (1) >　(2) >

4 8.42 L

5 0.87 m

6 1.6 km

7 1.55 cm

8 1.85

---

1 (1) 나누어지는 수가 628에서 62.8로 $\frac{1}{10}$배 되었으므로 몫도 314에서 31.4로 $\frac{1}{10}$배 됩니다.

　(2) 나누어지는 수가 400에서 4로 $\frac{1}{100}$배 되었으므로 몫도 80에서 0.8로 $\frac{1}{100}$배 됩니다.

2 (4)
$$
\begin{array}{r}
0.5\,4 \\
9\,\overline{)\,4.8\,6} \\
4\;5 \\
\hline
3\;6 \\
3\;6 \\
\hline
0
\end{array}
$$
(5)
$$
\begin{array}{r}
1.0\,9 \\
8\,\overline{)\,8.7\,2} \\
8 \\
\hline
7\;2 \\
7\;2 \\
\hline
0
\end{array}
$$
(6)
$$
\begin{array}{r}
3.5 \\
14\,\overline{)\,4\;9} \\
4\;2 \\
\hline
7\;0 \\
7\;0 \\
\hline
0
\end{array}
$$

3 (1) $27.4 \div 4 = 6.85$, $36.54 \div 6 = 6.09$　(2) $3.51 \div 3 = 1.17$, $6.23 \div 7 = 0.89$

4 (유리병 한 개에 담을 간장의 양) = (전체 간장의 양) ÷ (유리병의 수)
$$= 25.26 \div 3 = 8.42\,(\text{L})$$

5 삼각기둥의 모서리 수는 9개이므로 한 모서리의 길이는 $7.83 \div 9 = 0.87\,(\text{m})$입니다.

6 (1분 동안 달린 거리) = (전체 거리) ÷ (걸린 시간) = $80 \div 50 = 1.6\,(\text{km})$

7 점 7개를 같은 간격으로 찍으려면 9.3 cm를 6등분 해야 합니다.

　따라서 점과 점 사이의 간격은 $9.3 \div 6 = 1.55\,(\text{cm})$입니다.

8 어떤 수를 □라고 하면 잘못 곱한 식은 □×2=7.4입니다.

　□ = $7.4 \div 2 = 3.7$

　따라서 바르게 계산하면 몫은 $3.7 \div 2 = 1.85$입니다.

04 비와 비율

DAY 28

77쪽
78쪽

연산 UP

1. 1 : 5, 1, 5
2. 10 : 4, 10, 4
3. 13 : 50, 13, 50
4. 8 : 25, 8, 25
5. 3 : 7, 3, 7
6. 37 : 100, 37, 100
7. 5 : 4, 5, 4
8. 16 : 11, 16, 11
9. 9 : 22, 9, 22
10. 18 : 25, 18, 25

응용 UP

1. 14 : 10
2. 10 : 14
3. 13 : 24
4. 11 : 24
5. 23 : 25

응용 UP

3. 2반 전체 학생 수는 11＋13＝24(명)이므로 (2반 여학생 수) : (2반 전체 학생 수)＝13 : 24입니다.

5. 운동장에 서 있는 전체 여학생 수는 10＋13＝23(명), 전체 남학생 수는 14＋11＝25(명)입니다.

➡ (전체 여학생 수) : (전체 남학생 수)＝23 : 25

DAY 29

79쪽
80쪽

연산 UP

1. $\dfrac{1}{5}$
2. $\dfrac{3}{4}$
3. $\dfrac{10}{5}(=2)$
4. $\dfrac{11}{20}$
5. $\dfrac{14}{25}$
6. $\dfrac{7}{36}$
7. $\dfrac{8}{24}\left(=\dfrac{1}{3}\right)$
8. $\dfrac{9}{15}\left(=\dfrac{3}{5}\right)$
9. $\dfrac{5}{2}\left(=2\dfrac{1}{2}\right)$
10. $\dfrac{20}{40}\left(=\dfrac{1}{2}\right)$
11. $\dfrac{5}{8}$
12. $\dfrac{12}{17}$
13. $\dfrac{2}{6}\left(=\dfrac{1}{3}\right)$
14. $\dfrac{15}{10}\left(=\dfrac{3}{2}=1\dfrac{1}{2}\right)$
15. $\dfrac{4}{5}$
16. $\dfrac{21}{25}$
17. $\dfrac{7}{10}$
18. $\dfrac{8}{5}\left(=1\dfrac{3}{5}\right)$
19. $\dfrac{9}{4}\left(=2\dfrac{1}{4}\right)$
20. $\dfrac{19}{50}$

응용 UP

1. 24 : 16　20 : 25　15 : 10
   20 : 20　30 : 40　50 : 40

2. 가와 다

응용 UP

2. 가 ➡ 24 : 16 ➡ $\dfrac{24}{16}=\dfrac{3}{2}$,　나 ➡ 20 : 25 ➡ $\dfrac{20}{25}=\dfrac{4}{5}$,　다 ➡ 15 : 10 ➡ $\dfrac{15}{10}=\dfrac{3}{2}$

   라 ➡ 20 : 20 ➡ $\dfrac{20}{20}=1$,　마 ➡ 30 : 40 ➡ $\dfrac{30}{40}=\dfrac{3}{4}$,　바 ➡ 50 : 40 ➡ $\dfrac{50}{40}=\dfrac{5}{4}$

연산 UP

1	0.75	11	0.8
2	0.5	12	5
3	0.4	13	0.68
4	0.7	14	0.8
5	0.57	15	0.03
6	0.275	16	3
7	0.125	17	0.7
8	0.6	18	1.6
9	2.5	19	0.275
10	0.5	20	0.61

응용 UP

1. 5
2. $\dfrac{1}{25000}$
3. 반달마을
4. 백팀

연산 UP

17. 10에 대한 7의 비
$\rightarrow 7 : 10 \rightarrow 7 \div 10 = 0.7$

18. 8의 5에 대한 비
$\rightarrow 8 : 5 \rightarrow 8 \div 5 = 1.6$

19. 11의 40에 대한 비
$\rightarrow 11 : 40 \rightarrow 11 \div 40 = 0.275$

20. 61의 100에 대한 비
$\rightarrow 61 : 100 \rightarrow 61 \div 100 = 0.61$

응용 UP

1. 걸린 시간에 대한 달린 거리의 비율

$$\rightarrow \frac{(달린\ 거리)}{(걸린\ 시간)} = \frac{200}{40} = 5$$

2. 실제 거리에 대한 지도에서의 거리의 비율

$$\rightarrow \frac{(지도에서의\ 거리)}{(실제\ 거리)} = \frac{2}{50000} = \frac{1}{25000}$$

3. 넓이에 대한 인구의 비율 $\rightarrow \dfrac{(인구)}{(넓이)}$

반달마을: $\dfrac{4500}{30} = 150$, 햇님마을: $\dfrac{3000}{25} = 120$

$150 > 120$이므로 넓이에 대한 인구의 비율이 더 높은 마을은 반달마을입니다.

4. 전체 타수에 대한 안타 수의 비율 $\rightarrow \dfrac{(안타\ 수)}{(전체\ 타수)}$

백팀: $\dfrac{24}{100} = 0.24$, 청팀: $\dfrac{16}{80} = 0.2$

$0.24 > 0.2$이므로 전체 타수에 대한 안타 수의 비율이 더 높은 팀은 백팀입니다.

연산 UP

1	70 %	8	40 %
2	30 %	9	60 %
3	57 %	10	80 %
4	50 %	11	37.5 %
5	25 %	12	62.5 %
6	75 %	13	55 %
7	20 %	14	76 %

응용 UP

1	33	4	20	7	25
2	27	5	60	8	50
3	19	6	80	9	75

응용 UP

1. $\dfrac{33}{100} \times 100 = 33(\%)$ 2. $\dfrac{27}{100} \times 100 = 27(\%)$ 3. $\dfrac{19}{100} \times 100 = 19(\%)$

4. $\dfrac{1}{5} \times 100 = 20(\%)$ 5. $\dfrac{3}{5} \times 100 = 60(\%)$ 6. $\dfrac{4}{5} \times 100 = 80(\%)$

7. $\dfrac{1}{4} \times 100 = 25(\%)$ 8. $\dfrac{2}{4} \times 100 = 50(\%)$ 9. $\dfrac{3}{4} \times 100 = 75(\%)$

연산 UP

1	7 %	8	70 %
2	9 %	9	90 %
3	14 %	10	140 %
4	36 %	11	136 %
5	27.5 %	12	275 %
6	87.5 %	13	5 %
7	40 %	14	2.5 %

응용 UP

1	25 %
2	40 %
3	65 %
4	48 %

응용 UP

3. $\dfrac{(\text{안경을 쓴 학생 수})}{(\text{전체 학생 수})} = \dfrac{13}{20} \Rightarrow \dfrac{13}{20} \times 100 = 65(\%)$

4. $(\text{득표율}) = \dfrac{(\text{득표 수})}{(\text{전체 투표 수})} = \dfrac{12}{25} \Rightarrow \dfrac{12}{25} \times 100 = 48(\%)$

연산 UP

1. $\dfrac{40}{100}\left(=\dfrac{2}{5}\right)$

2. $\dfrac{70}{100}\left(=\dfrac{7}{10}\right)$

3. $\dfrac{50}{100}\left(=\dfrac{1}{2}\right)$

4. $\dfrac{10}{100}\left(=\dfrac{1}{10}\right)$

5. $\dfrac{25}{100}\left(=\dfrac{1}{4}\right)$

6. $\dfrac{75}{100}\left(=\dfrac{3}{4}\right)$

7. $\dfrac{35}{100}\left(=\dfrac{7}{20}\right)$

8. $\dfrac{54}{100}\left(=\dfrac{27}{50}\right)$

9. $\dfrac{18}{100}\left(=\dfrac{9}{50}\right)$

10. $\dfrac{5}{100}\left(=\dfrac{1}{20}\right)$

11. $\dfrac{9}{100}$

12. $\dfrac{120}{100}\left(=\dfrac{6}{5}=1\dfrac{1}{5}\right)$

응용 UP

1. 예 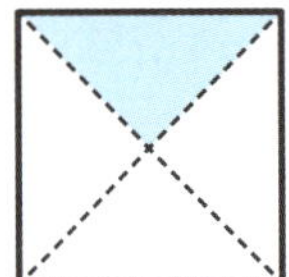

2. 예 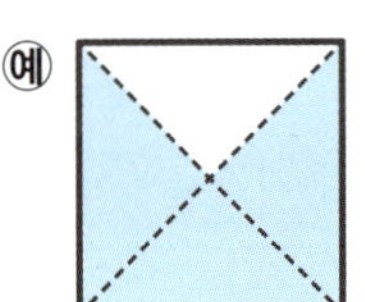

3. 예 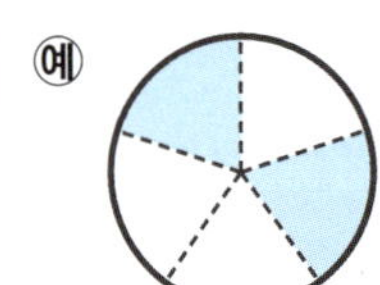

4. 예 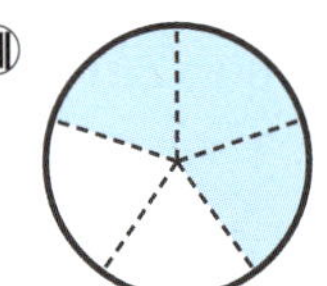

5. 예 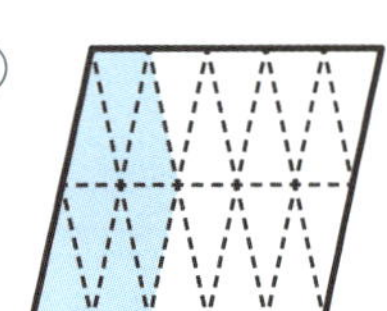

6. 예 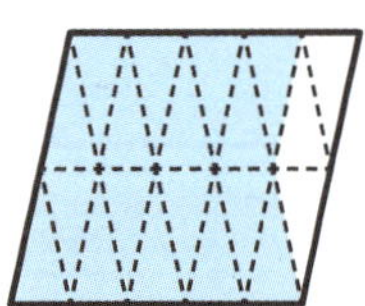

7. 예 

8. 예 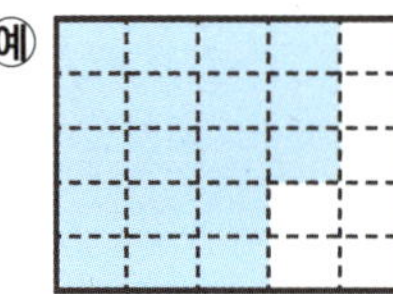

9. 예 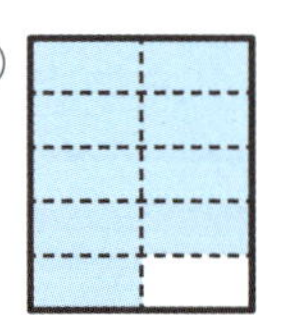

응용 UP

2. $75\% \Rightarrow \dfrac{75}{100}=\dfrac{3}{4}$

전체를 4로 나눈 것 중 3만큼 색칠합니다.

3. $40\% \Rightarrow \dfrac{40}{100}=\dfrac{2}{5}$

전체를 5로 나눈 것 중 2만큼 색칠합니다.

4. $60\% \Rightarrow \dfrac{60}{100}=\dfrac{3}{5}$

전체를 5로 나눈 것 중 3만큼 색칠합니다.

5. $35\% \Rightarrow \dfrac{35}{100}=\dfrac{7}{20}$

전체를 20으로 나눈 것 중 7만큼 색칠합니다.

6. $85\% \Rightarrow \dfrac{85}{100}=\dfrac{17}{20}$

전체를 20으로 나눈 것 중 17만큼 색칠합니다.

7. $36\% \Rightarrow \dfrac{36}{100}=\dfrac{9}{25}$

전체를 25로 나눈 것 중 9만큼 색칠합니다.

8. $72\% \Rightarrow \dfrac{72}{100}=\dfrac{18}{25}$

전체를 25로 나눈 것 중 18만큼 색칠합니다.

9. $90\% \Rightarrow \dfrac{90}{100}=\dfrac{9}{10}$

전체를 10으로 나눈 것 중 9만큼 색칠합니다.

<table>
<tr><td colspan="2">

연산 UP

</td><td>

응용 UP

</td><td>

DAY 34

</td></tr>
</table>

연산 UP

1	0.23	8	0.03
2	0.77	9	0.04
3	0.89	10	0.09
4	0.1	11	1.3
5	0.3	12	2.4
6	0.8	13	3.5
7	0.99		

응용 UP

1	3 %
2	4 %
3	기계 B
4	80 %
5	75 %
6	72 %
7	수호네 반

89쪽 90쪽

응용 UP

1 $(불량률)=\dfrac{(불량품\ 수)}{(만든\ 장난감\ 수)}=\dfrac{15}{500}$

➡ $\dfrac{15}{500}\times100=3\,(\%)$

2 $(불량률)=\dfrac{(불량품\ 수)}{(만든\ 장난감\ 수)}=\dfrac{8}{200}$

➡ $\dfrac{8}{200}\times100=4\,(\%)$

4 $(찬성률)=\dfrac{(찬성하는\ 학생\ 수)}{(전체\ 학생\ 수)}=\dfrac{12}{15}$

➡ $\dfrac{12}{15}\times100=80\,(\%)$

5 $(찬성률)=\dfrac{(찬성하는\ 학생\ 수)}{(전체\ 학생\ 수)}=\dfrac{15}{20}$

➡ $\dfrac{15}{20}\times100=75\,(\%)$

6 $(찬성률)=\dfrac{(찬성하는\ 학생\ 수)}{(전체\ 학생\ 수)}=\dfrac{18}{25}$

➡ $\dfrac{18}{25}\times100=72\,(\%)$

연산 UP

1	20명	8	2명
2	40명	9	10명
3	80명	10	20명
4	100명	11	30명
5	20 g	12	70원
6	48 g	13	600원
7	60 g	14	800원

응용 UP

1	8명
2	80 cm
3	480 g
4	20원

DAY 35

91쪽 92쪽

응용 UP

1 $25\,\% \Rightarrow \dfrac{25}{100}=\dfrac{1}{4}$

$32\times\dfrac{1}{4}=8\,(명)$

2 $80\,\% \Rightarrow 0.8$

$100\times0.8=80\,(cm)$

3 $60\,\% \Rightarrow 0.6$

$800\times0.6=480\,(g)$

4 $2\,\% \Rightarrow 0.02$

$1000\times0.02=20\,(원)$

연산 UP

1. 200, 30 %
2. 250, 20 %
3. 400, 20 %
4. 200, 40 %
5. 250, 28 %
6. 400, 30 %

응용 UP

1. 5 %
2. 30 %
3. 20 %
4. 이슬

연산 UP

4. $\dfrac{80}{200} \times 100 = 40(\%)$
5. $\dfrac{70}{250} \times 100 = 28(\%)$
6. $\dfrac{120}{400} \times 100 = 30(\%)$

응용 UP

2. 오미자주스의 양이 500 mL이고, 원액이 150 mL이므로 오미자주스의 진하기는

   $\dfrac{150}{500} \times 100 = 30(\%)$입니다.

3. 오렌지주스의 양은 $120+30=150\,(g)$이므로 오렌지주스의 진하기는 $\dfrac{30}{150} \times 100 = 20(\%)$입니다.

4. 이슬이가 만든 설탕물은 $130+70=200\,(g)$이므로 설탕물의 진하기는 $\dfrac{70}{200} \times 100 = 35(\%)$입니다.

   준욱이가 만든 설탕물은 $90+30=120\,(g)$이므로 설탕물의 진하기는 $\dfrac{30}{120} \times 100 = 25(\%)$입니다.

   ➡ 더 진한 설탕물을 만든 사람은 이슬입니다.

연산 UP

1. 2000, 20 %
2. 450, 15 %
3. 600, 40 %
4. 800, 25 %
5. 200, 8 %
6. 2000, 50 %

응용 UP

1. 25 %
2. 15 %
3. 40 %
4. 복숭아

연산 UP

4. $\dfrac{800}{3200} \times 100 = 25(\%)$
5. $\dfrac{200}{2500} \times 100 = 8(\%)$
6. $\dfrac{2000}{4000} \times 100 = 50(\%)$

응용 UP

1. (할인 금액) $=24000-18000=6000(원)$

   (할인율) $=\dfrac{6000}{24000} \times 100 = 25(\%)$

2. (할인 금액) $=800-680=120(원)$

   (할인율) $=\dfrac{120}{800} \times 100 = 15(\%)$

3. (할인 금액) $=2500-1500=1000(원)$

   (할인율) $=\dfrac{1000}{2500} \times 100 = 40(\%)$

4. 사과: (할인 금액) $=1000-800=200(원)$

   (할인율) $=\dfrac{200}{1000} \times 100 = 20(\%)$

   복숭아: (할인 금액) $=2000-1500=500(원)$

   (할인율) $=\dfrac{500}{2000} \times 100 = 25(\%)$

   ➡ 할인율이 더 높은 과일은 복숭아입니다.

1 (1) $\frac{13}{20}$, 0.65　(2) $\frac{3}{5}$, 0.6

　(3) $\frac{7}{25}$, 0.28　(4) $\frac{12}{16}(=\frac{3}{4})$, 0.75

2 (1) 27 %　(2) 8 %

　(3) 90 %　(4) 41 %

3 (1) $\frac{3}{100}$　(2) $\frac{17}{100}$

　(3) 0.06　(4) 0.51

4 250 : 225

5 6 %

6 36명

7 (1) 25 %

　(2) 30 %

　(3) 은주

---

2 (1) $0.27 \times 100 = 27\,(\%)$

　(2) $0.08 \times 100 = 8\,(\%)$

　(3) $\frac{9}{10} \times 100 = 90\,(\%)$

　(4) $\frac{41}{100} \times 100 = 41\,(\%)$

4 어제: 250개, 오늘: $250 - 25 = 225$(개)

　오늘 넘은 줄넘기 수에 대한 어제 넘은 줄넘기 수의 비 ➡ 250 : 225

5 $\frac{30}{500} \times 100 = 6\,(\%)$

6 $20\,\% ➡ 0.2$

　$180 \times 0.2 = 36$(명)

7 (1) 소금물의 양: $180 + 60 = 240\,(g)$ ➡ $\frac{60}{240} \times 100 = 25\,(\%)$

　(2) 소금물의 양: $210 + 90 = 300\,(g)$ ➡ $\frac{90}{300} \times 100 = 30\,(\%)$

　(3) $25 < 30$이므로 은주가 더 진한 소금물을 만들었습니다.

05 여러 가지 그래프

연산 UP

1 35, 30, 20, 15, 100

0 10 20 30 40 50 60 70 80 90 100 (%)

| 축구
(35 %) | 농구
(30 %) | 피구
(20 %) | 수영
(15 %) |

2 30, 40, 10, 20, 100

0 10 20 30 40 50 60 70 80 90 100 (%)

| 봄
(30 %) | 여름
(40 %) | | 겨울
(20 %) |

가을(10 %)

3 40, 20, 30, 10, 100

0 10 20 30 40 50 60 70 80 90 100 (%)

| 놀이공원
(40 %) | 농촌체험
(20 %) | 과학관
(30 %) | |

기타(10 %)

4 15, 25, 60, 100

0 10 20 30 40 50 60 70 80 90 100 (%)

| 저금
(15 %) | 교통비
(25 %) | 간식비
(60 %) |

응용 UP

1 산들학교, 40명   **2** B회사, 약 42만 대   **3** 90 g

연산 UP **4** 저금: $\dfrac{1200}{8000} \times 100 = 15\,(\%)$, 교통비: $\dfrac{2000}{8000} \times 100 = 25\,(\%)$, 간식비: $\dfrac{4800}{8000} \times 100 = 60\,(\%)$

응용 UP **1** 길벗학교에서 운동을 하고 싶은 학생 수: 300명 중의 20 % ➡ $300 \times \dfrac{20}{100} = 60$(명)

산들학교에서 운동을 하고 싶은 학생 수: 500명 중의 20 % ➡ $500 \times \dfrac{20}{100} = 100$(명)

따라서 운동을 하고 싶은 학생 수는 산들학교가 $100 - 60 = 40$(명) 더 많습니다.

2 수출량의 비율이 증가한 회사는 B회사입니다.

B회사의 2020년 수출량은 전체의 30 %이므로 약 $140만 \times 0.3 = 42만$(대)입니다.

3 단백질이 차지하는 비율은 $100 - 25 - 15 - 10 - 5 = 45\,(\%)$입니다.

단백질이 차지하는 비율은 지방이 차지하는 비율의 $45 \div 15 = 3$(배)이므로

단백질은 $30 \times 3 = 90\,(g)$입니다.

연산 UP

1.   40, 30, 20, 10, 100

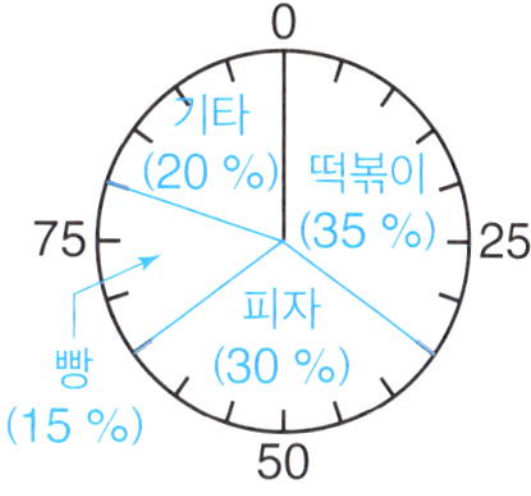

2.   35, 30, 15, 20, 100

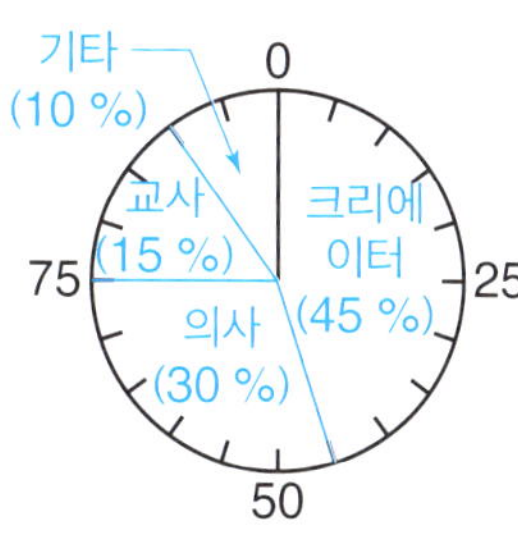

3.   45, 30, 15, 10, 100

응용 UP

1.   600 kg   2.   105000원   3.   280 kg

연산 UP

1. 아파트: $\dfrac{108}{360}\times100=30\,(\%)$, 다세대주택: $\dfrac{72}{360}\times100=20\,(\%)$, 기타: $\dfrac{36}{360}\times100=10\,(\%)$

2. 떡볶이: $\dfrac{7}{20}\times100=35\,(\%)$, 피자: $\dfrac{6}{20}\times100=30\,(\%)$,

   빵: $\dfrac{3}{20}\times100=15\,(\%)$, 기타: $\dfrac{4}{20}\times100=20\,(\%)$

3. 크리에이터: $\dfrac{18}{40}\times100=45\,(\%)$, 의사: $\dfrac{12}{40}\times100=30\,(\%)$,

   교사: $\dfrac{6}{40}\times100=15\,(\%)$, 기타: $\dfrac{4}{40}\times100=10\,(\%)$

응용 UP

1. 종이의 양은 전체의 50 %이므로 전체 재활용품 배출량은 종이 양의 $100\div50=2$(배)입니다.

   ➡ (전체 재활용품 배출량)$=300\times2=600\,(kg)$

2. 수도요금은 전체의 20 %이므로 1월 관리비는 수도요금의 $100\div20=5$(배)입니다.

   ➡ (1월 관리비)$=21000\times5=105000$(원)

3. 보리의 수확량은 전체의 25 %이므로 올해 수확한 잡곡은 보리의 $100\div25=4$(배)입니다.

   따라서 올해 수확한 잡곡은 모두 $70\times4=280\,(kg)$입니다.

1 (1) 20, 35, 30, 15, 100

(2) 0 10 20 30 40 50 60 70 80 90 100 (%)

자장면 (20 %)	짬뽕 (35 %)	탕수육 (30 %)	볶음밥 (15 %)

(3)

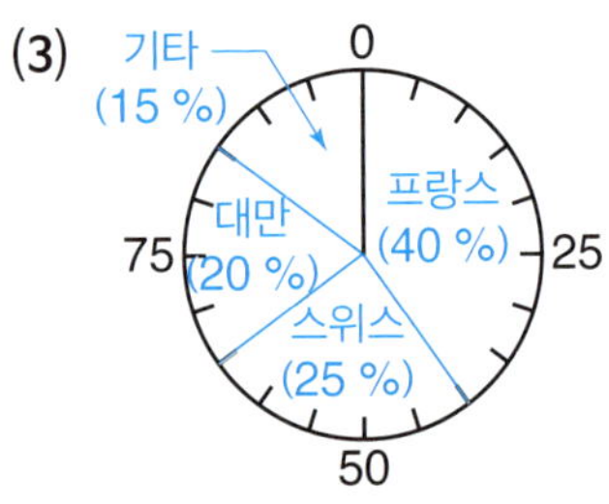

2 (1) 40, 25, 20, 15, 100

(2) 0 10 20 30 40 50 60 70 80 90 100 (%)

프랑스 (40 %)	스위스 (25 %)	대만 (20 %)	기타 (15 %)

(3)

3 24명

4 900권

5 128명

---

1 자장면: $\dfrac{4}{20} \times 100 = 20(\%)$, 짬뽕: $\dfrac{7}{20} \times 100 = 35(\%)$

탕수육: $\dfrac{6}{20} \times 100 = 30(\%)$, 볶음밥: $\dfrac{3}{20} \times 100 = 15(\%)$

2 프랑스: $\dfrac{160}{400} \times 100 = 40(\%)$, 스위스: $\dfrac{100}{400} \times 100 = 25(\%)$,

대만: $\dfrac{80}{400} \times 100 = 20(\%)$, 기타: $\dfrac{60}{400} \times 100 = 15(\%)$

3 토끼는 20 %이므로 120명의 20 % ➡ $120 \times 0.2 = 24$(명)입니다.

4 위인전이 차지하는 비율은 $100 - 30 - 25 - 25 = 20(\%)$이므로

전체 책의 수는 위인전 수의 $100 \div 20 = 5$(배)입니다.

따라서 전체 책의 수는 $180 \times 5 = 900$(권)입니다.

5 20대: $1000 \times \dfrac{32}{100} = 320$(명)

20대 여자: $320 \times \dfrac{40}{100} = 128$(명)

06 직육면체의 부피와 겉넓이

DAY 42

연산 UP

1. 160 cm^3
2. 90 cm^3
3. 210 cm^3
4. 216 cm^3
5. 27 cm^3
6. 512 cm^3
7. 1000 cm^3
8. 1331 cm^3

응용 UP

1. 336 cm^3
2. 나
3. 512 cm^3
4. 2640 cm^3

113쪽
114쪽

응용 UP

1. (상자의 부피)=(가로)×(세로)×(높이)=$8 \times 7 \times 6 = 336 (\text{cm}^3)$

2. (가의 부피)=$24 \times 8 \times 3 = 576 (\text{cm}^3)$, (나의 부피)=$9 \times 9 \times 9 = 729 (\text{cm}^3)$

   ➡ $576 \text{ cm}^3 < 729 \text{ cm}^3$이므로 나의 부피가 더 큽니다.

3. 만들 수 있는 가장 큰 정육면체의 한 모서리의 길이는 8 cm입니다.

   ➡ (부피)=$8 \times 8 \times 8 = 512 (\text{cm}^3)$

4. 입체도형을 가로 10 cm, 세로 12 cm, 높이 14 cm인 직육면체와 가로 10 cm, 세로 12 cm, 높이 8 cm인 직육면체로 나누어 부피를 계산합니다.

   ➡ (입체도형의 부피)=$(10 \times 12 \times 14) + (10 \times 12 \times 8) = 1680 + 960 = 2640 (\text{cm}^3)$

DAY 43

연산 UP

1. 8 cm^3
2. 343 cm^3
3. 120 cm^3
4. 270 cm^3
5. 192 cm^3
6. 80 cm^3
7. 90 cm^3
8. 1728 cm^3

응용 UP

1. 5
2. 2
3. 5
4. 4
5. 3
6. 6

115쪽
116쪽

응용 UP

1. $5 \times \square \times 5 = 125$
   $25 \times \square = 125$
   $\square = 125 \div 25$
   $\square = 5$

2. $\square \times 6 \times 7 = 84$
   $\square \times 42 = 84$
   $\square = 84 \div 42$
   $\square = 2$

3. $6 \times 4 \times \square = 120$
   $24 \times \square = 120$
   $\square = 120 \div 24$
   $\square = 5$

4. $5 \times 3 \times \square = 60$
   $15 \times \square = 60$
   $\square = 60 \div 15$
   $\square = 4$

5. $7 \times \square \times 10 = 210$
   $70 \times \square = 210$
   $\square = 210 \div 70$
   $\square = 3$

6. $\square \times 9 \times 3 = 162$
   $\square \times 27 = 162$
   $\square = 162 \div 27$
   $\square = 6$

연산 UP

1	2000000	7	3
2	7000000	8	6
3	11000000	9	15
4	23000000	10	38
5	3500000	11	0.7
6	4700000	12	0.5

응용 UP

1	252000000, 252
2	48000000, 48
3	16800000, 16.8
4	1500000, 1.5
5	40000000, 40
6	27000, 0.027

연산 UP

5 $1\,\mathrm{m}^3 = 1000000\,\mathrm{cm}^3$이므로 $3.5\,\mathrm{m}^3 = 3500000\,\mathrm{cm}^3$입니다.

6 $1\,\mathrm{m}^3 = 1000000\,\mathrm{cm}^3$이므로 $4.7\,\mathrm{m}^3 = 4700000\,\mathrm{cm}^3$입니다.

11 $1000000\,\mathrm{cm}^3 = 1\,\mathrm{m}^3$이므로 $700000\,\mathrm{cm}^3 = 0.7\,\mathrm{m}^3$입니다.

12 $1000000\,\mathrm{cm}^3 = 1\,\mathrm{m}^3$이므로 $500000\,\mathrm{cm}^3 = 0.5\,\mathrm{m}^3$입니다.

응용 UP

1 $(\text{직육면체의 부피}) = 900 \times 700 \times 400$
$\qquad\qquad\qquad = 252000000\,(\mathrm{cm}^3)$

➡ $252000000\,\mathrm{cm}^3 = 252\,\mathrm{m}^3$

2 $(\text{직육면체의 부피}) = 3.2 \times 5 \times 3 = 48\,(\mathrm{m}^3)$

➡ $48\,\mathrm{m}^3 = 48000000\,\mathrm{cm}^3$

3 $3\,\mathrm{m} = 300\,\mathrm{cm}$

$(\text{직육면체의 부피}) = 400 \times 300 \times 140$
$\qquad\qquad\qquad = 16800000\,(\mathrm{cm}^3)$

➡ $16800000\,\mathrm{cm}^3 = 16.8\,\mathrm{m}^3$

4 $50\,\mathrm{cm} = 0.5\,\mathrm{m}$

$(\text{직육면체의 부피}) = 2 \times 1.5 \times 0.5 = 1.5\,(\mathrm{m}^3)$

➡ $1.5\,\mathrm{m}^3 = 1500000\,\mathrm{cm}^3$

5 $(\text{직육면체의 부피}) = 2 \times 5 \times 4 = 40\,(\mathrm{m}^3)$

➡ $40\,\mathrm{m}^3 = 40000000\,\mathrm{cm}^3$

6 $(\text{정육면체의 부피}) = 30 \times 30 \times 30 = 27000\,(\mathrm{cm}^3)$

➡ $27000\,\mathrm{cm}^3 = 0.027\,\mathrm{m}^3$

연산 UP

1	232 cm^2	5	294 cm^2
2	94 cm^2	6	82 cm^2
3	248 cm^2	7	288 cm^2
4	230 cm^2	8	126 cm^2

응용 UP

1	600 cm^2
2	도경
3	84 cm^2

연산 UP

2 (직육면체의 겉넓이)$=(5\times3+4\times3+5\times4)\times2$
$=(15+12+20)\times2=47\times2=94\,(\text{cm}^2)$

3 (직육면체의 겉넓이)$=(10\times6+4\times6+10\times4)\times2$
$=(60+24+40)\times2=124\times2=248\,(\text{cm}^2)$

4 (직육면체의 겉넓이)$=(5\times9+5\times9+5\times5)\times2$
$=(45+45+25)\times2=115\times2=230\,(\text{cm}^2)$

5 (직육면체의 겉넓이)$=(9\times10+3\times10+9\times3)\times2$
$=(90+30+27)\times2=147\times2=294\,(\text{cm}^2)$

6 (직육면체의 겉넓이)$=(3\times2+7\times2+3\times7)\times2$
$=(6+14+21)\times2=41\times2=82\,(\text{cm}^2)$

7 (직육면체의 겉넓이)$=(8\times5+8\times5+8\times8)\times2$
$=(40+40+64)\times2=144\times2=288\,(\text{cm}^2)$

8 (직육면체의 겉넓이)$=(5\times6+3\times6+5\times3)\times2$
$=(30+18+15)\times2=63\times2=126\,(\text{cm}^2)$

응용 UP

1 (필요한 색종이의 넓이)$=$(직육면체 상자의 겉넓이)
$=(10\times6+15\times6+10\times15)\times2$
$=(60+90+150)\times2$
$=300\times2=600\,(\text{cm}^2)$

2 (도경이가 만든 보물 상자의 겉넓이)$=(10\times8+6\times8+10\times6)\times2$
$=(80+48+60)\times2$
$=188\times2=376\,(\text{cm}^2)$

(민하가 만든 보물 상자의 겉넓이)$=(4\times12+6\times12+4\times6)\times2$
$=(48+72+24)\times2$
$=144\times2=288\,(\text{cm}^2)$

➡ $376>288$이므로 겉넓이가 더 넓은 것은 도경이의 보물 상자입니다.

3 떡을 반으로 잘랐더니 세로 7 cm, 높이 6 cm인 면이 2개 더 생겼습니다.
따라서 더 늘어난 겉넓이는 $(7\times6)\times2=42\times2=84\,(\text{cm}^2)$입니다.

연산 UP

1	96 cm^2	5	294 cm^2
2	486 cm^2	6	384 cm^2
3	24 cm^2	7	150 cm^2
4	600 cm^2	8	864 cm^2

응용 UP

1	3	4	7
2	9	5	5
3	8	6	10

연산 UP

2 (정육면체의 겉넓이)=(한 면의 넓이)×6
$$=81×6=486(\text{cm}^2)$$

3 (정육면체의 겉넓이)=(한 면의 넓이)×6
$$=(2×2)×6=24(\text{cm}^2)$$

4 (정육면체의 겉넓이)=(한 면의 넓이)×6
$$=(10×10)×6=100×6=600(\text{cm}^2)$$

5 (정육면체의 겉넓이)=(한 면의 넓이)×6
$$=49×6=294(\text{cm}^2)$$

6 (정육면체의 겉넓이)=(한 면의 넓이)×6
$$=64×6=384(\text{cm}^2)$$

7 (정육면체의 겉넓이)=(한 면의 넓이)×6
$$=(5×5)×6=25×6=150(\text{cm}^2)$$

8 (정육면체의 겉넓이)=(한 면의 넓이)×6
$$=(12×12)×6=144×6=864(\text{cm}^2)$$

응용 UP

1 (한 면의 넓이)=(겉넓이)÷6=54÷6=9(cm^2)
➡ 3×3=9이므로 한 모서리의 길이는 3 cm입니다.

2 (한 면의 넓이)=(겉넓이)÷6=486÷6=81(cm^2)
➡ 9×9=81이므로 한 모서리의 길이는 9 cm입니다.

3 (한 면의 넓이)=(겉넓이)÷6=384÷6=64(cm^2)
➡ 8×8=64이므로 한 모서리의 길이는 8 cm입니다.

4 (한 면의 넓이)=(겉넓이)÷6=294÷6=49(cm^2)
➡ 7×7=49이므로 한 모서리의 길이는 7 cm입니다.

5 (한 면의 넓이)=(겉넓이)÷6=150÷6=25(cm^2)
➡ 5×5=25이므로 한 모서리의 길이는 5 cm입니다.

6 (한 면의 넓이)=(겉넓이)÷6=600÷6=100(cm^2)
➡ 10×10=100이므로 한 모서리의 길이는 10 cm입니다.

연산 UP

1   292 cm^2 4 142 cm^2

2   148 cm^2 5 254 cm^2

3   246 cm^2 6 372 cm^2

응용 UP

1   3, 3

2   8, 8

3   7, 7

연산 UP

2   (직육면체의 겉넓이) $= (5+4+5+4) \times 6 + (5 \times 4) \times 2$
$= 18 \times 6 + 20 \times 2$
$= 108 + 40 = 148 \,(\text{cm}^2)$

3   (직육면체의 겉넓이) $= (8+9+8+9) \times 3 + (9 \times 8) \times 2$
$= 34 \times 3 + 72 \times 2$
$= 102 + 144 = 246 \,(\text{cm}^2)$

4   (직육면체의 겉넓이) $= (5+3+5+3) \times 7 + (3 \times 5) \times 2$
$= 16 \times 7 + 15 \times 2$
$= 112 + 30 = 142 \,(\text{cm}^2)$

5   (직육면체의 겉넓이) $= (7+4+7+4) \times 9 + (7 \times 4) \times 2$
$= 22 \times 9 + 28 \times 2$
$= 198 + 56 = 254 \,(\text{cm}^2)$

6   (직육면체의 겉넓이) $= (3+10+3+10) \times 12 + (3 \times 10) \times 2$
$= 26 \times 12 + 30 \times 2$
$= 312 + 60 = 372 \,(\text{cm}^2)$

응용 UP

1   (한 밑면의 넓이) $= 4 \times 2 = 8 \,(\text{cm}^2)$
(옆면의 넓이) $=$ (겉넓이) $-$ (한 밑면의 넓이) $\times 2 = 52 - 8 \times 2 = 36 \,(\text{cm}^2)$
옆면의 가로는 $4+2+4+2 = 12\,(\text{cm})$이므로
$12 \times \square = 36$, $\square = 36 \div 12 = 3$입니다.

2   (한 밑면의 넓이) $= 5 \times 2 = 10 \,(\text{cm}^2)$
(옆면의 넓이) $=$ (겉넓이) $-$ (한 밑면의 넓이) $\times 2 = 132 - 10 \times 2 = 112 \,(\text{cm}^2)$
옆면의 가로는 $2+5+2+5 = 14\,(\text{cm})$이므로
$14 \times \square = 112$, $\square = 112 \div 14 = 8$입니다.

3   (한 밑면의 넓이) $= 15 \times 8 = 120 \,(\text{cm}^2)$
(옆면의 넓이) $=$ (겉넓이) $-$ (한 밑면의 넓이) $\times 2 = 562 - 120 \times 2 = 322 \,(\text{cm}^2)$
옆면의 가로는 $15+8+15+8 = 46\,(\text{cm})$이므로
$46 \times \square = 322$, $\square = 322 \div 46 = 7$입니다.

연산 UP

1. 64 cm^3, 96 cm^2
2. 120 cm^3, 148 cm^2
3. 90 cm^3, 126 cm^2
4. 280 cm^3, 276 cm^2
5. 144 cm^3, 180 cm^2
6. 216 cm^3, 216 cm^2

응용 UP

1. 76 cm^2
2. 198 cm^2
3. 172 cm^2
4. 560 cm^2
5. 484 cm^2
6. 188 cm^2

연산 UP

1. (정육면체의 부피)$=4\times4\times4=64(\text{cm}^3)$
   (정육면체의 겉넓이)$=4\times4\times6=96(\text{cm}^2)$
2. (직육면체의 부피)$=4\times5\times6=120(\text{cm}^3)$
   (직육면체의 겉넓이)$=(4\times6+5\times6+4\times5)\times2=148(\text{cm}^2)$
3. (직육면체의 부피)$=3\times6\times5=90(\text{cm}^3)$
   (직육면체의 겉넓이)$=(3\times5+6\times5+3\times6)\times2=126(\text{cm}^2)$
4. (직육면체의 부피)$=10\times4\times7=280(\text{cm}^3)$
   (직육면체의 겉넓이)$=(10\times7+4\times7+10\times4)\times2=276(\text{cm}^2)$
5. (직육면체의 부피)$=6\times3\times8=144(\text{cm}^3)$
   (직육면체의 겉넓이)$=(6\times8+3\times8+6\times3)\times2=180(\text{cm}^2)$
6. (정육면체의 부피)$=6\times6\times6=216(\text{cm}^3)$
   (정육면체의 겉넓이)$=6\times6\times6=216(\text{cm}^2)$

응용 UP

1. (가로)$\times5\times4=40(\text{cm}^3)$이므로 (가로)$\times20=40$, (가로)$=40\div20=2(\text{cm})$입니다.
   ➡ (직육면체의 겉넓이)$=(2\times4+5\times4+2\times5)\times2=76(\text{cm}^2)$
2. $6\times3\times$(높이)$=162(\text{cm}^3)$이므로 $18\times$(높이)$=162$, (높이)$=162\div18=9(\text{cm})$입니다.
   ➡ (직육면체의 겉넓이)$=(6\times9+3\times9+6\times3)\times2=198(\text{cm}^2)$
3. $7\times$(세로)$\times2=112(\text{cm}^3)$이므로 (세로)$\times14=112$, (세로)$=112\div14=8(\text{cm})$입니다.
   ➡ (직육면체의 겉넓이)$=(7\times2+8\times2+7\times8)\times2=172(\text{cm}^2)$
4. $10\times$(세로)$\times10=900(\text{cm}^3)$이므로 (세로)$\times100=900$, (세로)$=900\div100=9(\text{cm})$입니다.
   ➡ (직육면체의 겉넓이)$=(10\times10+9\times10+10\times9)\times2=560(\text{cm}^2)$
5. $8\times9\times$(높이)$=720(\text{cm}^3)$이므로 $72\times$(높이)$=720$, (높이)$=720\div72=10(\text{cm})$입니다.
   ➡ (직육면체의 겉넓이)$=(8\times10+9\times10+8\times9)\times2=484(\text{cm}^2)$
6. (가로)$\times6\times4=168(\text{cm}^3)$이므로 (가로)$\times24=168$, (가로)$=168\div24=7(\text{cm})$입니다.
   ➡ (직육면체의 겉넓이)$=(7\times4+6\times4+7\times6)\times2=188(\text{cm}^2)$

<table>
<tr><td>

연산 UP

1 640 cm^3, 544 cm^2

2 1000 cm^3, 600 cm^2

3 30000 cm^3, 6200 cm^2

4 3600 cm^3, 1560 cm^2

5 8000 cm^3, 2400 cm^2

6 24000 cm^3, 5200 cm^2

</td><td>

응용 UP

1 2700 cm^3

2 1800 cm^3

3 1200 cm^3

</td></tr>
</table>

연산 UP

1 (부피)$=20\times8\times4=640\,(\text{cm}^3)$
(겉넓이)$=(20\times4+8\times4+20\times8)\times2=544\,(\text{cm}^2)$

2 (부피)$=10\times10\times10=1000\,(\text{cm}^3)$
(겉넓이)$=10\times10\times6=600\,(\text{cm}^2)$

3 (부피)$=30\times20\times50=30000\,(\text{cm}^3)$
(겉넓이)$=(30\times50+20\times50+30\times20)\times2=6200\,(\text{cm}^2)$

4 (부피)$=30\times10\times12=3600\,(\text{cm}^3)$
(겉넓이)$=(30\times12+10\times12+30\times10)\times2=1560\,(\text{cm}^2)$

5 (부피)$=20\times20\times20=8000\,(\text{cm}^3)$
(겉넓이)$=20\times20\times6=2400\,(\text{cm}^2)$

6 (부피)$=40\times30\times20=24000\,(\text{cm}^3)$
(겉넓이)$=(40\times20+30\times20+40\times30)\times2=5200\,(\text{cm}^2)$

응용 UP

1 (돌의 부피)$=$(늘어난 물의 부피)
$=$(가로)$\times$(세로)$\times$(늘어난 물의 높이)
$=45\times12\times5=2700\,(\text{cm}^3)$

2 (쇠구슬의 부피)$=$(늘어난 물의 부피)
$=$(가로)$\times$(세로)$\times$(늘어난 물의 높이)
$=30\times20\times3=1800\,(\text{cm}^3)$

3 늘어난 물의 높이는 $14-10=4\,(\text{cm})$입니다.
(돌의 부피)$=$(늘어난 물의 부피)
$=$(가로)$\times$(세로)$\times$(늘어난 물의 높이)
$=20\times15\times4=1200\,(\text{cm}^3)$

1
(1) 3000000 (2) 4
(3) 4200000 (4) 1.1
(5) 18000000 (6) 56

2
(1) 240 cm^3 (2) 125 cm^3
(3) 2880 cm^3

3
(1) 1176 cm^2 (2) 324 cm^2
(3) 192 cm^2

4 (1) < (2) <

5 292 cm^2

6 8

7 6

---

1 $1\ \text{m}^3 = 1000000\ \text{cm}^3$임을 이용합니다.

2 (1) (직육면체의 부피) $= 8 \times 5 \times 6 = 240\,(\text{cm}^3)$

(2) (정육면체의 부피) $= 5 \times 5 \times 5 = 125\,(\text{cm}^3)$

(3) (직육면체의 부피) $= 12 \times 30 \times 8 = 2880\,(\text{cm}^3)$

3 (1) (정육면체의 겉넓이) $= 14 \times 14 \times 6 = 1176\,(\text{cm}^2)$

(2) (직육면체의 겉넓이) $= (12 \times 6 + 5 \times 6 + 12 \times 5) \times 2 = 324\,(\text{cm}^2)$

(3) (직육면체의 겉넓이) $= (6 \times 5 + 6 \times 5 + 6 \times 6) \times 2 = 192\,(\text{cm}^2)$

4 (1) $7300000\ \text{cm}^3 = 7.3\ \text{m}^3 \Rightarrow 7.3\ \text{m}^3 < 73\ \text{m}^3$

(2) $35000000\ \text{cm}^3 = 35\ \text{m}^3 \Rightarrow 4.8\ \text{m}^3 < 35\ \text{m}^3$

5 (상자의 겉넓이) $=$ (옆면의 넓이) $+$ (한 밑면의 넓이) $\times 2$
$= (6 + 8 + 6 + 8) \times 7 + 8 \times 6 \times 2$
$= 28 \times 7 + 48 \times 2 = 292\,(\text{cm}^2)$

6 $4 \times \square \times 5 = 160,\ \square \times 20 = 160,\ \square = 160 \div 20,\ \square = 8$

7 한 밑면의 넓이는 $4 \times 9 = 36\,(\text{cm}^2)$이므로
옆면의 넓이는 $228 - 36 \times 2 = 156\,(\text{cm}^2)$입니다.
옆면의 가로는 $4 + 9 + 4 + 9 = 26\,(\text{cm})$이므로
$26 \times \square = 156,\ \square = 156 \div 26 = 6$입니다.

기적의 학습서

" 오늘도 한 뼘 자랐습니다. "